Einmal um den Globus mit Krippenkindern

Eva Danner

Geschichten, Spiele und Angebote

für 1- bis 3-Jährige

Verlag an der Ruhr

Impressum

Titel
Einmal um den Globus mit Krippenkindern
Geschichten, Spiele und Angebote für 1- bis 3-Jährige

Autorin
Eva Danner

Umschlagmotive
Punkte im Hintergrund: © Iveta Angelova – stock.adobe.com
Heißluftballon und Wolken: © BNP Design Studio – Shutterstock.com

Fotos
Wenn nicht anders angegeben: © Eva Danner

Rahmenlayout-Elemente
Sterne und Wolken: © BNP Design Studio – Shutterstock.com

Druck
AZ Druck und Datentechnik GmbH, Kempten, DE

Verlag an der Ruhr
Mülheim an der Ruhr
www.verlagruhr.de

Geeignet für Kinder von 1–3 Jahren

ISBN 978-3-8346-4798-6

Inhaltsverzeichnis

Vorwort

In unseren Kitas werden Kinder verschiedenster Kulturen und Herkunftsländer betreut. Was für die einen alltäglich ist, ist für die anderen unbekannt und fremd. Schon Krippenkinder nehmen Unterschiede in Haut- und Haarfarbe oder der Sprache wahr, weshalb es schon für die Kleinsten spannend sein kann, sich auf eine Reise rund um die Welt zu begeben.
Bei der Auswahl der „Reiseziele" ist es sinnvoll, auch solche aufzugreifen, aus denen Kinder Ihrer Einrichtung stammen. Hierzu können die Kinder dann vielleicht schon etwas erzählen oder sie kennen bestimmte Dinge und möchten etwas darüber berichten. Womöglich haben diese Familien auch Utensilien zu Hause, die sich für eine Sachbetrachtung oder etwas Ähnliches eignen? Oder die Eltern erklären sich dazu bereit, eine landestypische Spezialität zusammen mit Ihnen und Ihrer Kindergruppe zuzubereiten? Wann immer es Ihnen möglich ist, integrieren Sie Kinder und Eltern bei einem solchen Projekt. Fragen Sie nach, wer etwas beitragen kann oder möchte: ein landestypisches Instrument präsentieren? Ein Lied in der Landessprache singen? Eine Begrüßung in der dort gesprochenen Sprache einführen? Eltern fühlen sich enorm wertgeschätzt, wenn sie etwas aus ihrer Kultur oder Tradition zeigen können. Am Projektende könnte ein gemeinsames „Fest der Kulturen" stattfinden, bei dem gemeinsam gegessen, gesungen, gespielt und gefeiert wird. Eine Zusammenarbeit mit den Familien ist für alle eine große Bereicherung und sollte, wann immer es Ihnen möglich ist, angestrebt werden.
Natürlich können auch alle unbekannten Kontinente „bereist" werden, um den Kleinen eine Vorstellung von der Vielfalt unseres Planeten zu geben. Dies betrifft sowohl die Bewohner*innen[1] verschiedener Erdteile als auch deren Flora und Fauna.
Natürlich ist es nicht möglich, alle Kulturen und Besonderheiten eines jeden Landes/Kontinents aufzugreifen, weshalb sich das Buch auf einzelne, für die Kinder gut nachvollziehbare Inhalte beschränkt. Manchmal wurde eine besondere Tradition aufgegriffen, ein anderes Mal ein typisches heimisches Tier näher betrachtet und wieder ein anderes Mal eine alte Kultur intensiver beleuchtet. Die Bevölkerung ist auf der ganzen Welt heterogen und die in diesem Buch verwendeten Inhalte sind so vereinfacht dargestellt, dass sie bereits für Kinder unter 3 Jahren nachvollziehbar sind. Aufgrund der Vielzahl von verschiedenen Völkergruppen ist es nicht möglich, die ganze Bandbreite in einem Buch aufzugreifen, weshalb beispielhaft Dinge ausgewählt wurden. Entscheiden Sie selbst, welche Inhalte Sie verwenden wollen. Ergänzen oder verändern Sie Dinge nach Ihren Interessen oder den Herkunftsländern Ihrer Kindergruppe. Das Buch bietet Anregungen und Impulse und jede*r kann seine*ihre „Weltreise" individuell gestalten.

[1] Der Verlag an der Ruhr legt großen Wert auf eine geschlechtergerechte und inklusive Sprache. Daher nutzen wir das Gendersternchen, um sowohl männliche und weibliche als auch nichtbinäre Geschlechtsidentitäten einzuschließen. Alternativ verwenden wir neutrale Formulierungen.

Um den Kleinen ein erstes Verständnis für die geplante „Weltreise“ zu geben, können Sie einen **Globus** zu Hilfe nehmen. Schauen Sie gemeinsam, wo der Startpunkt Ihrer Reise ist. Hierzu können Sie *Deutschland* mit einem Fähnchen, einer Stecknadel oder etwas Ähnlichem markieren. Erklären Sie den Kindern, dass sie sich in Deutschland befinden und nun zusammen ein anderes Land besuchen möchten. Da die *Niederlande* das erste Etappenziel sind, können Sie auch dort eine Markierung auf dem Globus anbringen. Berichten Sie den Kleinen, dass alle nun gemeinsam von Deutschland in die Niederlande aufbrechen, um sich dieses Land etwas näher anzuschauen.

Eine Handpuppe oder ein Kuscheltier kann die Kinder auf ihrer Reise um die Welt begleiten. Diese/s ist schlau und kennt sich auf der ganzen Welt gut aus. Diese **Leitfigur** kann ein Tier sein wie in unserem Falle, aber auch eine menschliche Person ist denkbar. Wir haben uns für den kunterbunten **Paradiesvogel Nepomuk** entschieden, der den Kindern die Reiseziele auf dem Globus zeigt und natürlich bei jedem Reiseziel mit an Bord ist. Nepomuk ist freundlich und klug und kennt sich überall auf der Erde aus. Vorteil einer solchen Leitfigur ist es, dass sie sowohl Interessantes und Wissenswertes über die verschiedenen Länder und Kontinente weiß als auch tolle Lieder, Geschichten und andere Besonderheiten mitbringen kann, in Kombination mit landestypischen Personen oder Tieren, die auf dem jeweiligen Kontinent beheimatet sind. Vor allem Krippenkinder haben große Freude an Handpuppen aller Art und stehen ihnen meist sehr aufgeschlossen gegenüber. Sie regen die Kleinen zum Sprechen an und haben einen hohen Aufforderungscharakter. So kann Nepomuk jede*n Einzelne*n begrüßen, eine persönliche Frage stellen oder etwas über das bevorstehende Reiseziel verraten. Die gewählte Leitfigur kann täglich dem Morgenkreis beiwohnen und die Kinder auf ihren Erkundungen und Entdeckungen begleiten. Vielleicht spricht sie sogar verschiedene Sprachen, kennt Rituale und Besonderheiten anderer Kulturen oder Lieder und Spiele aus anderen Ländern? Hier können Sie kreativ sein und die Figur so einsetzen, wie Sie es für passend ansehen.

Ein einfaches **Ritual**, das die Kinder sicher lieben werden, ist, sich in ein fast echtes Flugzeug zu setzen, mit dem die Reiseziele angeflogen werden. Ein oder zwei Matten und ein paar Flügel aus dicker Pappe und schon haben Sie ein Flugzeug konstruiert, in dem alle Passagiere – Ihre gewählte Leitfigur eingeschlossen – einen Platz finden. Durch die wenigen Materialien lässt sich das Flugzeug im Handumdrehen wieder demontieren und kann einfach verstaut werden, bis es das nächste Mal benötigt wird.

Die Kinder können hintereinander sitzen und wenn alle eingestiegen sind, kann die Reise losgehen. Nun können Sie gemeinsam das Lied „Auf Weltreise" von Seite 9 singen. Denn dann ist jedem*jeder Passagier*in sofort klar, wohin die Reise geht. Anstelle des Liedes eignet sich auch der Sprechvers „Wir fliegen um die Welt" von Seite 8 als sprachliche Begleitung während des Fluges. Mit diesem Ritual können Sie jedes beliebige Reiseziel mit den Kindern ansteuern und bestimmt wird es sich bereits nach kurzer Zeit etabliert haben.

Alle Inhalte sind so konzipiert, dass sie die Sinne Ihrer Jüngsten auf spielerische Art und Weise anregen und sehr vielseitig sind. Die Ideen sind bereits mehrfach in der Praxis erprobt und auf die Bedürfnisse von Kindern unter drei Jahren abgestimmt.

Kurze **Geschichten** bieten einen guten Einstieg in die jeweilige Kultur und/oder Besonderheit des bereisten Landes/Kontinents. Mit Handpuppen oder anderen Figuren und dem Einsatz von Requisiten können Sie die Erzählungen bildhaft darstellen. Die Abenteuer können so auf vielfältige Art und Weise erlebt werden. Zuzuhören, zuzuschauen und hin und wieder sogar selbst aktiv zu werden, animiert und begeistert Ihre Jüngsten und die Inhalte bleiben besser im Gedächtnis. Speziell Krippenkinder sind stark auf alle ihre Sinne angewiesen und wann immer Sie diese anregen können, sollten Sie dies tun.

In abwechslungsreichen **Kreativangeboten** dürfen sich die Kinder ausprobieren und neue Materialien und Techniken kennenlernen. Da wird geschnitten, gemalt, geklebt und gefärbt. Es werden sowohl landestypische Tiere und Bauwerke als auch Personen gestaltet, die charakteristisch für die jeweiligen Regionen sind. Sie werden staunen, mit welcher Freude und Begeisterung schon die Allerkleinsten zu Werke gehen. So können auch eventuell vorhandene Berührungsängste vor unbekannten Materialien abgebaut und vielfältiges Interesse an künstlerischen und ästhetischen Dingen geweckt werden.

Singen fördert die Musikalität und regt zum Mitmachen und Mitbewegen an. Da kann geklatscht, gepatscht und gestampft oder sich einfach zur Musik bewegt werden. Beim gemeinsamen Singen wird außerdem die Sprache und Begriffsbildung Ihrer Jüngsten ganz nebenbei geschult. Aus diesen Gründen sind viele **Lieder** Bestandteile dieses Buches. Das Besondere daran ist die Kombination aus traditionellen Melodien und neuen Texten, passend zur jeweiligen Thematik.

Auch **Finger- und Bewegungsspiele** mit leicht verständlichen Texten kommen nicht zu kurz und regen die Begriffsbildung und Koordination auf spielerische Weise an. Und natürlich macht beides eine Menge Spaß.

Ein weiterer Bestandteil dieses Buches ist die Zubereitung leckerer Speisen und Gerichte, weshalb **Rezepte** themengerecht aufbereitet wurden. Zutaten werden benannt, gewaschen, abgewogen oder abgemessen, klein geschnitten, verrührt und hübsch arrangiert. Auf diese Weise bekommen die Kleinen einen ersten Einblick in die Verarbeitung verschiedener Lebensmittel. Wenn gewünscht, können Sie die Zutaten auch von den Eltern der Kinder mitbringen lassen, indem Sie kleine „Kochzettel" mit den gewünschten Lebensmitteln austeilen. So bringt ein Kind das Mehl, ein anderes die Margarine und wieder ein anderes die benötigten Eier mit. Auf diese Weise erleben die Kleinen, dass alle etwas zum Gelingen beitragen und alle Lebensmittel wichtig sind, um das jeweilige Gericht zubereiten zu können. Wenn Sie Kinder mit Allergien in Ihrer Gruppe haben, sollten Sie dies vor der Zubereitung berücksichtigen, damit sich am Ende alle das leckere Gericht schmecken lassen können. Beispielsweise besteht die Möglichkeit, bei Kindern mit Zöliakie (Glutenunverträglichkeit) anstelle des Weizenmehls glutenfreies Hirsemehl oder Mandelmehl beim Backen zu verwenden. Es gibt aber auch noch andere Mehlsorten, die sich hierfür eignen.

Sprechverse und **Spiele**, die die Wahrnehmung der Kinder anregen, sind ebenso Bestandteile dieses Buchs, wie **Sachbetrachtungen** und spannende **Experimente**. Die einfachen Aktionen sind kindgerecht aufgebaut und leicht umzusetzen. Und natürlich dürfen die Kleinen bei der Durchführung helfen.

Und nun viel Spaß beim Entdecken der Welt!

Sprechvers: Wir fliegen um die Welt

1. Wir fliegen, wir fliegen, wir fliegen um die Welt.
   Wir fliegen, wir fliegen, wohin es uns gefällt.

2. **Europa**, Europa, so heißt heut unser Ziel.
   Entdecken, entdecken, entdecken dort ganz viel.

3. Die Reise, die Reise, die geht nach **Afrika**.
   Kommt mit mir, kommt mit mir, wir sind ja gleich schon da.

4. Heut geht es, heut geht es, schnell nach **Amerika**.
   Denn ich war, denn ich war, denn ich war noch nie da.

5. Nach **Asien**, nach Asien, nach Asien wolln wir heut.
   Drum freun sich, drum freun sich, drum freun sich alle Leut.

6. Wir reisen, wir reisen, wir reisen in ein Land.
   Australien, Australien, Australien wirds genannt.

7. Nach Hause, nach Hause, nach Hause wolln wir gehn.
   Wir haben, wir haben, für heut genug gesehn.

Gut zu wissen:

Wenn man diesen Sprechvers als Ritual einsetzt, spricht man die 1. und die mit dem jeweiligen Reiseziel ausgewählte Strophe. Zum Projektende spricht man die 1. und 7. Strophe.

Lied: Auf Weltreise

Melodie: trad., „Brüderchen, komm tanz mit mir"
Text: Eva Danner

Gut zu wissen:

Singen Sie je nach Reiseziel die 1. und die dann passende Strophe. Zum Projektende singen Sie die 1. und 10. Strophe.

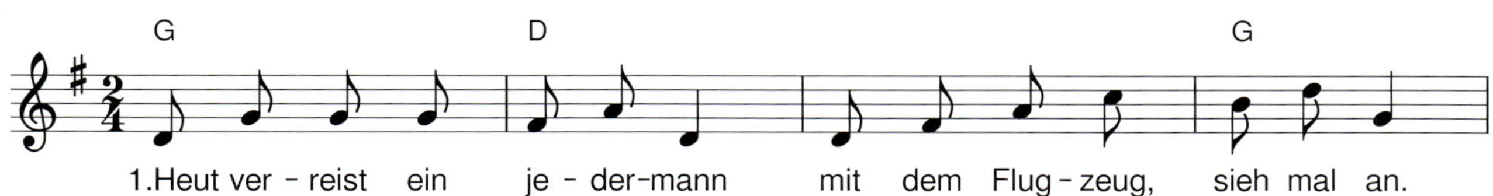

2. **Niederlande** ist nicht weit.
Dort verbringen wir gern Zeit.
II: Ich kann sehn, ich kann sehn.
Niederlande wunderschön. :II

3. In **Italien** ist es heiß.
Da gibt's Pizza und auch Eis.
II: Ich kann sehn, ich kann sehn.
Italien ist wunderschön. :II

4. **Spanien** heißt unser Ziel,
essen gerne Eis am Stiel!
II: Ich kann sehn, ich kann sehn.
Spanien ist wunderschön. :II

5. Unser Ziel, ja, das ist klar,
ist das weite **Afrika**.
II: Ich kann sehn, ich kann sehn.
Afrika ist wunderschön. :II

6. Und nach **Nordamerika**
fliegen wir einmal im Jahr.
II: Ich kann sehn, ich kann sehn.
Amerika ist wunderschön. :II

7. Faultiere, ja, das ist wahr,
gibt's in **Südamerika**.
II: Ich kann sehn, ich kann sehn.
Amerika ist wunderschön. :II

8. Schau! Es geht nach **Asien** heut.
Drum freuen sich alle Leut.
II: Ich kann sehn, ich kann sehn.
Asien ist wunderschön. :II

9. Wir fliegen heut ganz weit fort.
Australien, heißt der Ort.
II: Ich kann sehn, ich kann sehn.
Australien ist wunderschön. :II

10. Heut verreist ein jedermann
mit dem Flugzeug, sieh mal an.
II: Jetzt zurück, welch ein Glück.
Nach Zuhaus ists nur ein Stück. :II

Europa

Beginnen wollen wir unsere Reise um die Welt in **Europa**. Etwa 50 Länder gehören zum europäischen Kontinent, der zu den dicht besiedelten der Erde zählt und dennoch der zweitkleinste ist. Europa grenzt direkt an Asien, weshalb es, geografisch gesehen, eher ein Subkontinent als ein eigenständiger Kontinent ist (auch *Eurasien* genannt). Es gibt vier verschiedene Klimazonen, welche sich in arktisch, gemäßigt, boreal und mediterran gliedern lassen. Große Säugetiere, wie Wolf oder Bär, sind hier ebenso beheimatet wie Seehunde, Robben oder Wale. Die große Mehrheit der Europäer*innen spricht indogermanische Sprachen und zu den größten Religionsgemeinschaften zählen das Christentum und der Islam. Europa zählt zu den wohlhabenden Kontinenten mit einer großen Industrie und Landwirtschaft und auch kulturell ist es inspirierend. Große Kunst und Architektur haben europäische Wurzeln und der Tourismus boomt. Auf unserer ersten Etappe bereisen wir mit den Kindern die *Niederlande*, reisen weiter nach *Italien* und werfen anschließend einen Blick auf *Spanien*, bevor wir den europäischen Kontinent verlassen.

Reiseziel: Niederlande

Die **Niederlande** sind das am dichtesten besiedelte Land Europas. In Deutschland nennen wir die Niederlande oft *Holland*, wobei Holland nur ein Teil der Niederlande ist. Das Land besteht insgesamt aus zwölf Provinzen und einigen Gebieten und Inseln in der *Karibik*.
Zu den bekanntesten niederländischen Städten zählen unter anderem *Amsterdam, Den Haag, Utrecht* und *Rotterdam*. Die Niederlande sind jedoch nicht nur berühmt für viele Käsesorten, auch Windmühlen, Deiche, Holzschuhe, Grachten und endlose Tulpenfelder sind typisch holländisch.
Landwirtschaft ist eine große Einnahmequelle in den gesamten Niederlanden, vor allem was den Obst-, Gemüseanbau und Blumenhandel anbelangt. Staatsoberhaupt der Niederländer*innen ist seit 2013 König *Willem Alexander*. Zwischen Volk und Königshaus besteht seit jeher eine enge Verbundenheit, weshalb der Königstag am 27. April auch einer der bedeutendsten nationalen Feiertage im Jahr ist. An diesem Tag hängen die Niederländer*innen Flaggen an ihre Häuser und alles erstrahlt in der Farbe Orange.
Viele Niederländer*innen legen ihre Wege mit dem Fahrrad zurück – man sagt sogar, dass es mehr Fahrräder als Einwohner*innen gibt. Da wundert es nicht, dass es insgesamt 37.000 km Fahrradwege in den Niederlanden gibt.
Das Land hat eine wunderschöne Küste und endlose Dünen erstrecken sich entlang der *Nordseeküste*.
Die gesamten Niederlande sind für viele weltbekannte Künstler*innen berühmt, wie unter anderem *Rembrandt* und *van Gogh*, weshalb es viele Museen und Galerien gibt.
Ein Reiseziel, das sich lohnt.

Geschichte: Niederländische Windmühlen

Material zum Nachspielen:

- Merle, Papa, Piet (als Figuren oder aus Papier)
- Regentropfen (blaue Locherpunkte)
- Gummistiefel (Puppenschuhe oder basteln)
- Regenmantel (Puppenmantel oder aus Filz)
- Wasserpfützen (blaue Tücher oder Papier)
- Regenschirm (Eisschirmchen o.Ä.)
- Berg (grünes Tuch über umgedrehte Schüssel o. Ä. legen)
- Windmühle (aus Papier oder konstruieren)
- Dünen (braune Tücher über Kartons o. Ä. drapieren)
- Meer (blaues Tuch)
- Muschel, Möwe (als Figur oder aus Papier)

Merle ist drei Jahre alt und lebt in den Niederlanden, nicht weit vom Meer entfernt. Heute möchte sie mit ihrem Papa einen Ausflug machen. Doch als sie vor die Tür geht, fallen ihr dicke **Regentropfen** auf den Kopf. „Oh“, sagt Merle. „Es regnet.“
„Aber das macht doch nichts“, antwortet **Papa**. „So ein bisschen Regen hält uns doch nicht von unserem Ausflug ab.“ Merle sieht ihren Vater verwundert an. „Echt?“, fragt sie.
„Na, klar. Zieh deine Gummistiefel und deinen Regenmantel an und dann nehmen wir den bunten Regenschirm noch mit.“ Eilig zieht Merle **Gummistiefel** und **Regenmantel** an. Mit dem **Regenschirm** gehen die beiden nach draußen.
„Wollen wir uns die große Windmühle drüben auf dem Berg anschauen?“, will Papa wissen.
„Ja!“, ruft Merle, denn sie liebt Windmühlen.
Die zwei spazieren los und während Papa den Schirm trägt, hüpft Merle mit den Füßen in viele **Wasserpfützen**. Das macht nichts, schließlich hat sie Gummistiefel an, die ihre Füße trocken halten. Nach einer Weile erreichen sie den **Berg**, der eher ein kleiner, grüner Hügel ist. Hoch oben steht die **Windmühle**. „Wir sind da!“, ruft Merle begeistert und flitzt los. Oben angekommen, trifft sie ihren Freund **Piet**. „Hallo, Piet“, begrüßt sie ihn.
„Hallo, Merle! Es ist toll hier im Regen, stimmt's?“.
„Dat klopt“, antwortet Merle, was so viel heißt wie: „Das stimmt.“ Plötzlich weht ein kräftiger Wind und die Windmühle dreht sich. Also natürlich dreht sich nicht die ganze Mühle, sondern nur ihre Flügel. Das sieht aus wie ein Windrad, nur viel größer. Piet und Merle lachen und können sich gar nicht satt sehen an der großen Windmühle. Nach einer Weile fragt Papa: „Merle! Piet! Habt ihr noch Lust, zum Strand zu gehen?“
„Ja!“, rufen beide und flitzen sogleich los. Nach einem kurzen Fußmarsch den Hügel hinunter und über die **Dünen**, so nennt man die Sandberge hier in den Niederlanden, sind sie am **Meer**. „Schau mal, eine **Muschel**!“, ruft Piet begeistert. „Die ist für dich“, sagt er und reicht sie seiner Freundin.
„Danke schön“, sagt Merle und steckt sie in die Manteltasche. Eine **Möwe** fliegt am Himmel und krächzt laut. „So, ihr beiden. Es ist schon spät. Wir müssen uns auf den Heimweg machen“, sagt Merles Papa. „Aber vorher bringen wir dich nach Hause, Piet.“
„Einverstanden“, erwidert dieser. Und dann bringen sie erst Piet nach Hause und anschließend machen sich Merle und Papa selbst auf den Heimweg. Und zu Hause gibt es bestimmt einen leckeren, warmen Tee zum Aufwärmen.

Fingerspiel: Von der Windmühle

Verse sprechen …	Finger spielen …
Schau einmal geradeaus,	*Hand beschattet Augen, nach vorn schauen*
was dort steht, das ist kein Haus.	*Hände zu einem Dach formen = Haus, Kopf schütteln*
Schau dich mal genauer um,	*Hand beschattet Augen, nach rechts und links blicken*
was dort steht, ist auch kein Turm.	*Arme nach oben strecken = Turm, Kopf schütteln*
Windmühle wird sie genannt,	*Unterarme zu einem Kreuz formen*
ist in Holland gut bekannt.	*ausladende Handbewegung*
Dreht sich langsam ohne Hast,	*Hände langsam umeinanderdrehen*
rundherum, macht keine Rast.	
Wind treibt ihre Flügel an,	*pusten*
pustet kräftig, sieh mal an.	*Hände schneller umeinanderdrehen*
Hört er auf, weil er grad will,	*nicht mehr pusten*
stehen auch die Flügel still.	*Hände nicht mehr drehen*

Lied: Die Niederlande

Melodie: trad., „Dornröschen war ein schönes Kind"
Text: Eva Danner

Bewegung: Hand beschattet Augen

2. Am Strand weht oft ein kühler Wind, kühler Wind, kühler Wind.
   Drum zieh die Jacke an, mein Kind, an, mein Kind.
   Bewegung: Arme überkreuzen und mit Händen über Oberarme streichen; pantomimisch eine Jacke anziehen

3. Und Schiffe fahren übers Meer, übers Meer, übers Meer,
   sind oft beladen ziemlich schwer, ziemlich schwer.
   Bewegung: Handflächen aufeinanderlegen und sie wellenförmig bewegen

4. Auch Windmühlen kann man dort sehn, man dort sehn, man dort sehn,
   wie sie sich hoch am Himmel drehn, Himmel drehn.
   Bewegung: Hand beschattet Augen; Hände umeinanderdrehen

5. Für Gäste tragen sie zum Gruß, sie zum Gruß, sie zum Gruß,
   auch Holzschuhe an ihrem Fuß, ihrem Fuß.
   Bewegung: Mit den Füßen zappeln

6. Die Niederlande sind so toll, sind so toll, sind so toll.
   Ein Urlaub dort ist wundervoll, wundervoll.
   Bewegung: Ausladende Handbewegung; einladende Handbewegung

Bastelangebot: Windmühle

Material:

- Tonkarton: weiß, hellbraun, dunkelbraun, schwarz
- Schere
- Klebstoff

Durchführung:

Bereiten Sie ein weißes, 18 x 20 cm großes Rechteck vor (Turm), ein dunkelbraunes, 6 x 8 cm großes Rechteck (Tür), ein hellbraunes, 6 x 3 cm großes Rechteck (Fenster) und zwei 3 x 30 cm lange Streifen (Flügel) sowie einen schwarzen, 8 cm großen Kreis (Haube).

Die Kinder schneiden den Turm auf einer schmalen Seite schräg zu. Am dunkelbraunen Rechteck schneiden sie auf einer schmalen Seite beide Ecken ab. Das hellbraune Rechteck halbieren sie und verwenden beide Hälften als Fenster. Die beiden Streifen schneiden die Kleinen mittig durch und verwenden die entstandenen vier Stücke als Flügel. Den Kreis halbieren sie und verwenden eine Hälfte als Haube. Die Einzelteile der Windmühle setzen die Kinder mit Klebstoff zusammen.

Variation:

Jüngere Kinder können den Turm und die Tür in ihrer rechteckigen Form belassen.

Sachbetrachtung: Holzschuhe

Material:

- 1 Paar Holzschuhe
  Fragen Sie bei den Eltern nach, ob jemand ein Paar Holzschuhe zu Hause hat, die er Ihnen für eine Sachbetrachtung zur Verfügung stellen kann.
  Alternativ können Sie im Internet nach (gebrauchten) Holzschuhen Ausschau halten, die meist recht kostengünstig zu erwerben sind.

Merle hat den Kindern etwas mitgebracht, das eigentlich jeder kennt: ein Paar Schuhe.
Das Ungewöhnliche daran: Sie sind komplett aus Holz gefertigt. Traditionell werden sie aus einem einzigen Holzblock aus Weichhölzern, wie Pappel, Weide oder Erle, hergestellt. Sie bieten eine gute Sicherheit und einen optimalen Schutz vor Nässe. Die traditionellen Holzschuhe sind typisch niederländisch, auch wenn sie inzwischen nicht mehr zur alltäglichen Straßenkleidung zählen wie früher. Damals konnten sich nicht viele Menschen Lederschuhe leisten. Holz jedoch war ausreichend vorhanden, bezahlbar und es schützte die Füße bei harten Arbeiten, weshalb die meisten Niederländer*innen ein Paar dieser außergewöhnlichen Schuhe besaßen.

Wenn in der heutigen Zeit die typische Kleidertracht zu besonderen Anlässen oder als Folklore für Tourist*innen getragen wird, dürfen die Holzschuhe natürlich nicht fehlen. Auch als Souvenir werden diese gern gekauft.
Zeigen Sie den Kindern die hölzernen Schuhe. Wer möchte, darf diese in die Hand nehmen, betrachten und befühlen. Die Kleinen werden schnell feststellen, wie schwer die Schuhe sind. Berichten Sie ihnen, dass diese Schuhe ganz aus Holz hergestellt wurden, weshalb sie so hart und schwer sind.
Natürlich dürfen die Holzschuhe auch einmal anprobiert werden. Das Laufen damit ist gar nicht so leicht und die Kinder werden Ihre Unterstützung benötigen. Denn ein Abrollen der Füße ist bei Schuhen mit hölzerner Sohle nicht möglich. Die Kleinen werden beim Laufen noch etwas feststellen: Die Schuhe machen laute, klappernde Geräusche.

Erklären Sie den Kindern, wenn vorhanden, auch die Funktion der Lederriemen, die dazu dienen, den Schuh besser am Fuß zu halten. Sie können den Kleinen auch den in den Niederlanden bekannten Begriff nennen, unter welchem die Holzschuhe dort bekannt sind: *Klomp* (Mehrzahl: *Klompen*). Und wenn der Schuh, wie in unserem Fall, einen Lederriemen über dem Rist hat, bezeichnet man ihn als *Tripklompen*.

Bastelangebot: Merle

Material:

- Fließpapier
- bunte Fasermaler
- wasserfeste Unterlage
- Pipette und Schale mit Wasser
- Tonkarton: weiß, beige, gelb, schwarz, rot
- gelbe Märchenwolle
- bunter Chenilledraht
- Schere
- Locher
- Klebstoff
- Klebeband

Durchführung:

Für den Regenschirm: Schneiden Sie aus dem Fließpapier einen ca. 9 cm großen Kreis zu und legen Sie diesen auf die wasserfeste Unterlage. Die Kinder bemalen den Kreis mit den Fasermalern und befeuchten ihn mithilfe der Pipette. Sobald die Farben mit dem Wasser in Berührung kommen, bluten sie aus und färben das Papier. Lassen Sie dieses über Nacht trocknen.
Den nächsten Arbeitsschritt müssen Sie übernehmen, da er für die Kleinen zu schwierig ist. Halbieren Sie den getrockneten Kreis, kleben Sie eine Hälfte davon auf weißen Tonkarton und schneiden Sie ihn aus. Auf diese Weise wird der Schirm stabil. Die Kinder schneiden ein Stück Chenilledraht als Griff ab und befestigen an einer Seite den Halbkreis mit Klebeband (auf der Rückseite). Das andere Drahtende biegen Sie etwas um.

Für den Kopf: Bereiten Sie ein beigefarbenes, 5,5 x 5,5 cm großes Quadrat vor (Kopf) sowie einen 2 cm breiten Streifen (Hals). Fertigen Sie einen weißen, 1 cm breiten Streifen an (Augen), einen roten, 2 cm großen Kreis (Mund) und legen Sie die Märchenwolle bereit.
Ihre Jüngsten schneiden am Kopf alle vier Ecken ab. Vom beigefarbenen Streifen schneiden sie ein Stück als Hals ab. Vom weißen Streifen schneiden sie zwei Stücke als Augen ab und kleben schwarze Locherpunkte als Pupillen auf. Den Kreis halbieren sie und verwenden eine Hälfte als Mund. Die Einzelteile des Gesichtes setzen die Kinder mit Klebstoff zusammen, den Hals fixieren sie von hinten. Einen roten Locherpunkt bringen sie als Nase an, etwas gelbe Märchenwolle als Haare.

Für den Körper: Fertigen Sie ein gelbes, 7 x 12 cm großes Rechteck an (Regenmantel) sowie einen 1,5 x 12 cm langen Streifen (Arme). Schneiden Sie einen schwarzen, 1 cm breiten Streifen zu (Knöpfe), einen beigefarbenen, 2 cm großen Kreis (Hände) und einen 1 cm breiten Streifen (Beine). Für die Stiefel fertigen Sie zwei rote, 2,5 x 3,5 cm große Rechtecke sowie einen 1,5 x 6 cm langen Streifen an.
Die Kinder schneiden auf einer schmalen Seite des Regenmantels beide Ecken ab. Den gelben Streifen halbieren sie und verwenden die beiden Hälften als Arme. Vom schwarzen Streifen schneiden sie beliebig viele Stücke als Knöpfe ab.
Den beigefarbenen Kreis halbieren die Kleinen und verwenden die beiden Hälften als Hände. Vom Streifen schneiden sie zwei kleine Stücke als Beine ab. Die roten Rechtecke schneiden die Kinder auf einer schmalen Seite leicht schräg zu und den Streifen halbieren sie. Die entstandenen Stücke setzen sie mit Ihrer Hilfe zu Stiefeln zusammen. Die Einzelteile des Körpers kleben die Kleinen zusammen.

Fertigstellung:

Zuletzt befestigen die Kinder den Körper am Hals und fixieren den Regenschirm in Merles Hand.

Reiseziel: Italien

Italien mit seiner Hauptstadt *Rom* liegt in Südeuropa und ist eine Halbinsel, deren Form an einen Stiefel erinnert. Zu Italien gehören auch Inseln, wie *Sizilien* und *Sardinien*. Auf dem italienischen Stiefel liegen auch die Kleinstaaten *Vatikanstadt* und *San Marino*.
Das Land liegt am Mittelmeer, wo viele tolle Strände zum Baden einladen. Im Norden zählt ein Großteil der Alpen dazu. Die besondere geologische Lage in dieser Region führt immer wieder zu Erdbeben und zwei der bekanntesten Vulkane (*Ätna* und *Vesuv*) sind dort zu finden.
Das Klima ist subtropisch und variiert deutlich je nach Region. Ein mediterranes Klima in Süditalien führt zu ganzjährig angenehmen Temperaturen.
Italien ist römisch-katholisch geprägt und viele Kirchen, Kathedralen und Basiliken sind im ganzen Land zu bewundern, allen voran der *Petersdom* im *Vatikan*.
Die Sehenswürdigkeiten und Kunstwerke dieses geschichtsträchtigen Landes aufzuzählen ist unmöglich, zu den bekanntesten zählen aber ohne Frage der *Dogenpalast* in *Venedig, Pompeji,* der *Mailänder Dom, das Kolosseum,* die *Sixtinische Kapelle,* die *Engelsburg,* der *Trevi-Brunnen* und das *Pantheon.*
Typische italienische Gerichte sind zweifelsfrei Pizza, Pasta und natürlich Eis.
Italien ist auch berühmt für seine außergewöhnlichen Künstler, wie *Michelangelo, Raffael* oder *Botticelli,* um nur einige wenige zu nennen.
Italien ist ebenso ein sehr musikalisches Land, wie *Luciano Pavarotti, Andrea Bocelli* oder *Eros Ramazzotti* bestätigen.

Geschichte: Der Eisverkäufer Umberto

Material zum Nachspielen:

- Umberto, Mädchen, Gäste (als Figuren oder aus Papier)
- Strand (braunes Tuch)
- Meer (blaues Tuch)
- Besen (Dekobesen o.Ä.)
- Stühle, Tische (Puppenspielsachen oder konstruieren)
- Eiskarten (aus Papier)
- Eimer
- Muscheln
- Behälter (kleine Schachteln, Dosen o. Ä.)
- Eisportionierer (Löffel)
- Waffel (aus dem Kinderkaufmannsladen oder aus Papier)

Umberto ist Eisverkäufer. Das Land, in dem er lebt, heißt Italien. Er hat eine kleine Eisdiele am **Meer**, direkt am **Strand**. Umberto hört den Wellen zu und das Wasser läuft über seine Füße. „Bella Italia", sagt er, was so viel heißt wie „schönes Italien". Dann macht er sich an die Arbeit. Mit einem **Besen** fegt er den Sand weg, dann stellt er die **Stühle** an die **Tische** und verteilt die **Eiskarten**. Als er fertig ist, sieht er ein **Mädchen** mit einem **Eimer** in der Hand, das gerade **Muscheln** sammelt. Dann läuft sie auf Umbertos Eisladen zu. „Ciao", sagt sie. Das heißt „hallo" auf Italienisch. „Ciao", antwortet Umberto. „Gelati?", fragt er. So nennt man in Italien das Eis. Das Mädchen antwortet: „Si", und lacht. Sie schaut sich die vielen Sorten an, die in unzähligen **Behältern** zu sehen sind. Schokolade, Zitrone, Banane, Erdbeere und viele mehr. „Ich hätte gern Schokolade und Zitrone", sagt sie. Umberto nimmt einen **Eisportionierer**, so nennt man das Gerät, das ein bisschen wie ein Löffel aussieht, und holt damit die gewünschten Sorten aus den Behältern. Er setzt sie in eine **Waffel**. „Grazie", antwortet das Mädchen. Das heißt „danke". Dann setzt sie sich auf einen der Stühle und schleckt ihr Eis. Für Umberto geht die Arbeit jetzt erst richtig los. In Sekundenschnelle kommen von überallher Kinder und Erwachsene gesprungen, die ein Eis kaufen wollen. Ruckzuck hat sich vor dem kleinen Eisgeschäft eine lange Schlange gebildet. So viele **Gäste** hat Umberto gar nicht erwartet. Aber das macht nichts. Er freut sich über jeden einzelnen und Eis hat er genug. Und während das Mädchen noch ihr Eis zu Ende isst, hat der freundliche Eisverkäufer alle Hände voll zu tun. Doch wenn er am Abend nach Hause kommt, wird er sich seine Leibspeise kochen: Spaghetti! Oder vielleicht doch lieber Pizza?

Lied: Hier in Italien

Melodie: trad., „Hänsel und Gretel"
Text: Eva Danner

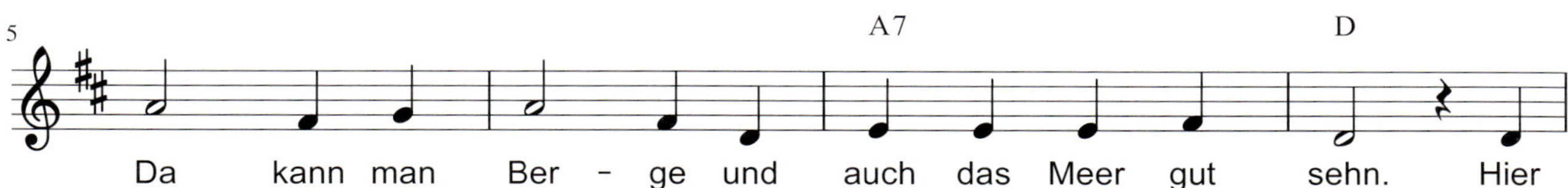

2. Hier in Italien, da kann man baden gehn,
im großen Meer und auch in den kleinen Seen.
Hier bin ich oft im Sommer, da ist es richtig heiß.
Ich mag Gelato, so heißt hier ja das Eis.

3. Hier in Italien, das weiß ich ganz genau,
sagt man zu „hallo" nämlich ganz einfach „ciao".
Hier bin ich oft im Sommer, da ist es richtig heiß.
Ich mag Gelato, so heißt hier ja das Eis.

4. Hier in Italien, da bin ich oft am Strand.
Bau eine Burg gerne in den warmen Sand.
Hier bin ich oft im Sommer, da ist es richtig heiß.
Ich mag Gelato, so heißt hier ja das Eis.

5. Hier in Italien, da schmeckt das Essen fein.
Pizza und Nudeln und Papa mag den Wein.
Hier bin ich oft im Sommer, da ist es richtig heiß.
Ich mag Gelato, so heißt hier ja das Eis.

6. Hier in Italien verbringen wir gern Zeit,
einmal im Jahr nur, der Weg dorthin ist weit.
Hier bin ich oft im Sommer, da ist es richtig heiß.
Ich mag Gelato, so heißt hier ja das Eis.

Bastelangebot: Eis am Stiel

Material:

- Teefiltertüte (Größe: ca. 7,5 x15,5 cm)
- bunte Fasermaler
- Pipette
- Becher mit Wasser
- wasserfeste Unterlage
- Bastelhölzer (ca. 110 x 11 mm)
- Klebestift
- Klebeband
- (Füll)-Watte

Legen Sie die Filtertüte auf die wasserfeste Unterlage und stellen Sie den Kindern Fasermaler, Pipette und den mit Wasser gefüllten Becher bereit.

Die Kleinen bemalen den Filter mit den Fasermalern ihrer Wahl und befeuchten ihn mithilfe der Pipette. Sobald die Farben mit dem Wasser in Berührung kommen, bluten sie aus und färben die Filtertüte in bunte Farbschattierungen. Den gefärbten Filter lassen Sie am besten über Nacht trocknen.

Die Kinder füllen in die getrocknete Teefiltertüte etwas Watte, damit das Eis später plastischer wirkt. Anschließend kleben sie die Filtertüte zu. Ein Bastelholz fixieren die Kleinen mit Klebeband als Stiel am Filter und fertig ist ein kunterbuntes Sommereis, das schon die Jüngsten mit etwas Unterstützung selbst herstellen können und das gewiss nicht so schnell schmilzt.

Fingerspiel: Eis am Strand

Verse sprechen ...	Finger spielen ...
Fünf Kinder sind zum Strand gelaufen,	*fünf Finger einer Hand zeigen*
sie wollten gern ein Eis sich kaufen.	*Hände patschen auf Oberschenkel*
Das erste Kind mag Erdbeereis,	*Daumen zeigen*
denn heute scheint die Sonne heiß.	*zehn Finger spreizen = Sonne*
Das zweite schleckt am liebsten Nuss,	*Daumen und Zeigefinger zeigen*
zwei große Kugeln, dann ist Schluss.	*pantomimisch ein Eis schlecken*
Das dritte Kind mag Aprikose,	*Daumen, Zeige- und Mittelfinger zeigen*
ein bisschen tropft auf seine Hose.	*auf Hose deuten*
Vanille isst das vierte Kind	*Daumen, Zeige-, Mittel- und Ringfinger zeigen*
und läuft nach Hause dann geschwind.	*stampfen*
Das fünfte Kind, das freut sich sehr,	*alle fünf Finger einer Hand zeigen und mit dem kleinen Finger wackeln*
sein Eis war lecker, nun ists leer.	*Handflächen nach oben halten*
Mein liebes Kind, hör mal gut zu. Verrat mir: „Welches Eis magst du?“	*Hand hinter das Ohr halten, auf ein beliebiges Kind deuten, das seine Lieblingseissorte verraten darf*

Bastelangebot: Eisverkäufer

Material:

- Tonkarton: braun, weiß, rot, schwarz, grün
- schwarze Märchenwolle
- Schere
- Klebstoff
- Locher

Durchführung:

Für den Kopf: Bereiten Sie ein braunes, 8x8 cm großes Quadrat vor (Kopf) sowie einen 2 cm breiten Streifen (Hals). Fertigen Sie einen weißen, 1 cm breiten Streifen an (Augen), einen roten und einen schwarzen, 3 cm großen Kreis (Mund/Bart) und legen Sie die Märchenwolle bereit.
Ihre Jüngsten schneiden am Kopf alle vier Ecken ab. Vom braunen Streifen schneiden sie ein Stück als Hals ab. Vom weißen Streifen schneiden sie zwei Stücke als Augen ab und kleben schwarze Locherpunkte als Pupillen auf. Die Kreise halbieren sie und verwenden eine rote Hälfte als Mund, die beiden schwarzen Halbkreise als Bart. Die Einzelteile des Gesichtes setzen die Kleinen mit Klebstoff zusammen, den Hals fixieren sie von hinten. Einen roten Locherpunkt bringen sie als Nase an, etwas schwarze Märchenwolle als Haare.

Für den Körper: Fertigen Sie ein grünes, 10x12 cm großes Rechteck an (Oberteil) sowie einen 12x4 cm langen Streifen (Ärmel). Schneiden Sie einen braunen, 14x2 cm langen Streifen zu (Arme) sowie zwei 2,5x3 cm große Rechtecke (Hände). Fertigen Sie einen weißen, 2 cm breiten Streifen für den Gürtel an.
Die Kinder schneiden auf einer schmalen Seite des Oberteils beide Ecken ab. Den grünen und braunen Streifen halbieren sie und verwenden die Stücke als Ärmel und Arme. An den Händen schneiden sie auf jeweils einer schmalen Seite beide Ecken ab. Vom weißen Streifen schneiden sie ein Stück für den Gürtel ab. Die Einzelteile des Oberkörpers setzen sie mit Klebstoff zusammen. Wenn der weiße Streifen seitlich übersteht, kürzen Sie diesen einfach entsprechend ein.

Für die Beine: Bereiten Sie einen roten, 28x4,5 cm langen Streifen vor (Hose) und einen schwarzen, 5 cm großen Kreis (Schuhe).
Die Kleinen halbieren Streifen und Kreis und setzen die entstandenen Stücke zu Hosen und Schuhen zusammen.

Fertigstellung:

Zuletzt kleben die Kinder den Oberkörper an den Hals und die Hosen (von hinten) an den Oberkörper.

Rezept: Eis zubereiten

Zutaten:

- 500 g Erdbeeren (oder andere Früchte)
- 300 g Joghurt
- 200 g Schlagsahne
- 2–3 EL Puderzucker
- 1TL Zitronensaft

Zusätzlich:

- Pürierstab
- Rührschüssel
- Handrührgerät
- Messbecher
- Schöpfkelle
- kleine Eisbehälter zum Einfrieren
- Eisstäbchen

Zubereitung:

Waschen Sie die Erdbeeren und entfernen Sie die Blätter. Beim Schneiden in kleine Stücke helfen Ihnen die Kinder sicher gern.
Natürlich darf jede*r auch eine Erdbeere probieren. Anschließend werden diese zu einem roten Mus püriert.
Das fertige Erdbeermus gießen die Kinder in eine Rührschüssel und geben Joghurt, Zitronensaft und Zucker dazu. Mit dem Handrührgerät wird die Masse verrührt.
Dann gießen die Kleinen Sahne in einen Messbecher und schlagen sie, mit Ihrer Hilfe, mit dem Handrührgerät steif. Die Sahne geben die Kinder zur Erdbeer-Joghurtmasse hinzu und rühren diese vorsichtig unter.

Mit einer Schöpfkelle füllen die Kleinen die fertige Eismasse in kleine Behälter zum Einfrieren. Sind diese voll, werden Eisstäbchen hineingesteckt und dann kommt das Ganze über Nacht ins Gefrierfach. Wärmen Sie die Becher mit den Händen an oder tauchen Sie diese kurz in eine Schüssel mit warmem Wasser, damit sich das Eis aus der Becherform löst. Und dann endlich dürfen die Kinder das selbst gemachte Eis auch probieren.
Und gewiss wird es ihnen ebenso gut schmecken wie Umberto in Italien.

Spiel: Spaghetti

Material:

- Schnürsenkel (oder Wolle)
- Sieb
- Teller

Für die Nudelzange:

- 2 Bastelhölzer
- Kastanienbohrer
- 3 Perlen mit Loch
- Schnur
- Nadel
- Gummiband

Durchführung:

Für die Nudelzange: Bohren Sie mithilfe des Kastanienbohrers in beide Bastelhölzer im unteren Drittel ein Loch. Fädeln Sie eine Perle auf die Schnur und verknoten Sie diese. Mithilfe der Nadel ziehen Sie die Schnur durch eines der beiden Bastelhölzer, fädeln eine Perle auf und ziehen sie durch das zweite Bastelholz. Die Schnur fixieren Sie mit der dritten Perle außen am Holz. Die Enden der Holzstäbchen fixieren Sie mit dem Gummiband und fertig ist eine Nudelzange, die wie eine Pinzette funktioniert.

So wird gespielt:

Berichten Sie den Kindern, dass der freundliche Eisverkäufer Umberto sich seine Leibspeise zubereitet hat: Spaghetti. Die gekochten Nudeln hat er in ein Sieb geschüttet. Da diese jedoch noch heiß sind, können sie nur mithilfe einer Nudelzange berührt und auf den Teller gelegt werden. Die Kleinen drücken unterhalb der Perlenkonstruktion die Holzstäbchen zusammen und greifen sich auf diese Weise eine oder mehrere Schnürsenkel und legen sie auf den Teller, indem sie den Druck auf die Holzstäbchen lösen. So füllen sie den Teller mit köstlichen Nudeln.
Ein tolles Spiel, das nicht nur viel Spaß macht, sondern ganz nebenbei die Koordination, Feinmotorik und Konzentration Ihrer Jüngsten fördert.

Tipp:
Wenn Sie keine Nudelzangen selbst herstellen möchten, können Sie auch große Pinzetten, echte Nudelzangen o. Ä. verwenden.

Experiment: Salzkristalle

Wer seinen Urlaub schon einmal am Meer verbracht hat, weiß, dass Meerwasser nicht mit gewöhnlichem Wasser zu vergleichen ist. Der Grund: Es ist salzig.
Warum Salzwasser so heißt, können Sie den Kindern mit diesem Experiment zeigen. Denn wenn lange kein Wasser vorhanden ist, bleibt das Salz übrig, welches vorher unsichtbar im Wasser verborgen war und nun plötzlich sichtbar wird.

Material:

- 2 Gläser
- Krug mit Wasser
- Baumwollschnur
- Teller
- Meersalz
- Löffel

Durchführung:

Die Kinder füllen die beiden Gläser mit Wasser. Mithilfe eines Löffels geben sie das Salz in die Gläser und rühren das Wasser so lange um, bis das Salz sich darin gelöst hat. Lassen Sie die Kleinen einmal an dem salzigen Wasser riechen, bevor Sie Ihre Gläserkonstruktion wie folgt aufbauen: Stellen Sie die Gläser mit einem Abstand von etwa 20 cm zueinander auf, spannen Sie einen Baumwollfaden dazwischen, sodass in jedem Glas ein Ende des Fadens hängt. Platzieren Sie den Teller unter dem Faden und dann heißt es erst einmal warten.

In den nächsten Tagen steigt das Salzwasser an den Fäden empor und verdunstet. Übrig bleiben weiße Salzkristalle, die als „Kruste" am Faden sichtbar werden.
Lassen Sie Ihre Jüngsten die Salzwasser-Konstruktion immer wieder beobachten. Geben Sie ihnen auch eine Lupe, damit sie die weißen Kristalle noch besser sehen können.

Rezept: Pizza zubereiten

Zutaten:

- Pizzateig (fertig oder mit den Kindern selbst herstellen)
- Tomatensoße
- Belag nach Wunsch, z. B. Paprika, Mais, Thunfisch, Champignons o. Ä.
- Reibekäse
- Salz, Pfeffer, Kräuter

Zusätzlich:

- Löffel
- Messer
- Schneidebrett
- kleine Schalen
- Backpapier
- Backblech

Zubereitung:

Rollen Sie den Teig aus und schneiden Sie diesen in einzelne Stücke, sodass jedes Kind seine eigene kleine Pizza zubereiten kann.

Geben Sie Salz, Pfeffer und Kräuter nach Wunsch in die Tomatensoße und rühren Sie diese gut um. Hierbei unterstützen Sie Ihre Jüngsten sicher gern.
Mithilfe des Löffels verteilen die Kinder die Soße auf dem Teig. Anschließend darf jede*r selbst entscheiden, welchen Belag er*sie auf seine*ihre Pizza legen möchte. Manche Zutaten, wie Paprika oder Pilze, müssen vorher noch klein geschnitten werden, was jedoch schon Krippenkinder mit Ihrer Hilfe gut schaffen. Den Mais und den Reibekäse können die Kleinen mit einem Löffel auf der Pizza verteilen, bevor diese (wie auf der Teigpackung angegeben) gebacken wird.

Am hübsch gedeckten Tisch dürfen es sich dann alle gut schmecken lassen und beinahe fühlt man sich wie einem Restaurant in Italien.

Buon appetito!

Reiseziel: Spanien

Spanien liegt in Südwesteuropa auf der *iberischen Halbinsel* und hat insgesamt 17 Regionen. Auch die *Kanarischen Inseln* und die *Balearen* gehören dazu. Die Hauptstadt Spaniens ist *Madrid* und die Amtssprache Spanisch.
Viele hohe Gebirge, wie die *Pyrenäen,* die *Sierra Nevada* oder der Berg *Teide* auf *Teneriffa,* sind dort zu finden und zu den größten Städten zählen *Valencia, Granada* und *Barcelona.*
Einige der bekanntesten Sehenswürdigkeiten sind die *Alhambra,* die *Sagrada Familia* oder die Kathedrale *Santiago de Compostela.*
Wer etwas typisch Spanisches essen möchte, liegt bei *Paella* nicht falsch. Doch auch *Tortillas* und *Gazpacho* erfreuen sich großer Beliebtheit.

Der ursprünglich aus *Andalusien* stammende *Flamenco*-Tanz ist für viele untrennbar mit Spanien verbunden, denn er steht für Lebensfreude, Geschichte und Tradition. Die typische Flamenco-Kleidung, die Gitarrenklänge und der Einsatz von Kastagnetten, verbinden Tanz und Gesang auf wunderbare Weise.
Künstler wie *Dali, Picasso, Miró* und viele weitere stammen aus Spanien und in großartigen Galerien und Museen können Kunstwerke aller Art bestaunt werden.

Geschichte: Die Tänzerin Valentina

Material zum Nachspielen:

- Valentina, Menschen (als Figuren oder aus Papier)
- Granatapfel
- Wäsche (Kinderkleidung oder aus Filz, Papier o. Ä.)
- Flamencokleid (Puppenkleid o. Ä.)
- Bäume (aus Papier)
- Wäscheklammern
- Korb
- Kamm
- Klanghölzer
- Spiegel
- Bühne (Tuch über Karton o. Ä. legen)
- Musik (spanische Flamenco-Musik abspielen)
- Kastagnetten
- Rosen (echt oder aus Papier)

Valentina ist eine berühmte Tänzerin in Spanien. Genauer gesagt, eine *Flamenco-Tänzerin*. So nennt man den Tanz, bei dem wunderschöne Musik erklingt und verschiedene Instrumente gespielt werden. In wenigen Stunden hat Valentina einen Auftritt vor vielen Menschen. Deshalb muss sie sich bald fertig machen und alles einpacken, was sie zum Tanzen braucht. Aber zuerst will sie noch eine Kleinigkeit essen. Valentina holt sich eine rote, runde Frucht aus der Küche. Es ist ein **Granatapfel**. Diesen schneidet sie mit dem Messer entzwei und isst mit einem Löffel die vielen kleinen Kerne im Inneren. „Lecker", sagt sie. Doch dann wird es Zeit, sich für den großen Auftritt vorzubereiten. Valentina geht in den Garten und hängt ihre **Wäsche** ab. Sie hat eine **Wäscheleine** zwischen die **Bäume** gespannt und daran hängt neben Handtüchern und anderen Dingen auch ihr rotes **Flamencokleid**, das sie für ihren Auftritt braucht. Valentina legt alles in einen großen **Korb** und bringt ihn zurück ins Haus. Dann schlüpft sie in ihr Kleid, das ihr bis zu den Füßen reicht, und in ein paar schwarze Schuhe. Diese **klappern** laut, als sie damit über den Boden läuft. Dann geht sie ins Badezimmer und holt sich einen **Kamm**, mit dem sie ihre langen, schwarzen Haare kämmt und fest zusammenbindet. „Fertig", sagt sie beim Blick in den **Spiegel**. Dann macht sie sich auf den Weg. Ihr Ziel ist eine große Feier, auf der sie tanzen wird. Als sie ankommt, sind schon viele **Menschen** da und warten gespannt auf die Darbietung der Flamenco-Tänzerin. Valentina betritt die **Bühne** und sogleich erklingt wunderschöne spanische **Musik**. Sie tanzt in ihrem roten Kleid über die Bühne, dreht sich und schaut die begeisterten Gäste immer wieder an. Hin und wieder singt sie sogar und die Menschen klatschen vor Begeisterung in die Hände. Dann holt Valentina ein sonderbares Instrument hervor: **Kastagnetten**. Valentina bewegt sie geschickt mit ihren Händen, sodass diese laut klappern. Während sie mit den Kastagnetten spielt, tanzt sie weiter zum Klang der Musik. Als sie fertig ist, sind die Menschen vor Begeisterung nicht mehr zu halten. Sie klatschen und rufen: „Bravo!" Und viele werfen ihr rote **Rosen** auf die Bühne, die sie einsammelt. Sie ist glücklich, dass die mit ihrem Tanz den Menschen eine Freude machen konnte, denn Tanzen ist das, was sie am allerliebsten tut. Und wenn man anderen eine Freude mit etwas machen kann, das einen selbst erfreut, dann ist das doch eine wirklich feine Sache.

Anmerkung:

Lassen Sie die Kinder im Anschluss an die Geschichte Kastagnetten ausprobieren.

Spiel: Wäsche an der Leine

Dieses lustige Spiel fördert die Auge-Hand-Koordination Ihrer Jüngsten, macht viel Freude und ist im Handumdrehen hergestellt.

Material:

- 2 Plastikflaschen mit Schraubverschluss (1 Liter)
- Wäscheklammern
- roter Filz
- Schere
- Heißkleber
- Schnur (Nylon- oder Lederschnur)

Gut zu wissen:

Sie können für die Kleidungsstücke auch bunte Filzstücke verwenden.

Durchführung:

Die beiden Wasserflaschen bilden das Fundament Ihrer Wäscheleine. Um eine möglichst hohe Stabilität zu erzielen, füllen Sie die Flaschen randvoll mit Wasser und verschrauben den Deckel so fest wie möglich.
Binden Sie ein Ende der Schnur fest um einen der beiden Flaschenhälse, das andere Ende knoten Sie um den anderen Flaschenhals. Wenn gewünscht, können Sie zum Fixieren zusätzlich etwas Heißkleber verwenden. Nun können Sie die Schnur spannen.
Für die roten Tücher schneiden Sie beliebig viele rote Filzstücke zu und befestigen diese mit Heißkleber an den Wäscheklammern. Legen Sie die fertigen „Wäschestücke" in einen Korb.

Wichtig:
Arbeiten mit Heißkleber dürfen nur von Erwachsenen ausgeführt werden.

So spielen die Kinder damit:

Berichten Sie den Kleinen, dass sie der freundlichen Spanierin Valentina dabei helfen dürfen, ihre Wäsche aufzuhängen. Wer möchte, nimmt sich eine Klammer mit Wäschestück aus dem Korb und versucht, sie an die Wäscheleine zu hängen. Dies ist gar nicht so einfach, wie es klingt, und die Kinder müssen sich gut konzentrieren. Sind alle roten Tücher aufgehängt, können diese wieder von der Leine entfernt und erneut aufgehängt werden.

Bastelangebot: Flamenco-Tänzerin

Material:

- 2 Kosmetiktücher
- rote Fasermaler
- wasserfeste Unterlage
- Pipette
- Schale mit Wasser
- Tonkarton: beige, rot, schwarz, weiß
- Schere
- Locher
- Klebstoff
- Klebeband

Durchführung:

Für den Rock: Falten Sie die beiden Kosmetiktücher mehrfach zusammen und legen Sie diese auf die wasserfeste Unterlage. Die Kinder bemalen oder betupfen diese mit den Fasermalern und befeuchten sie mithilfe der Pipette. Sobald die Farben mit dem Wasser in Berührung kommen, bluten sie aus und färben die Tücher rot. Lassen Sie diese am besten über Nacht trocknen.

Für den Kopf: Bereiten Sie ein beigefarbenes, 8 x 8 cm großes Quadrat vor (Kopf), einen weißen, 1 cm breiten Streifen (Augen), einen roten, 2 cm großen Kreis (Mund) und einen beigefarbenen, 2 cm breiten Streifen (Hals). Für die Haare fertigen Sie einen schwarzen, 8,5 cm großen Kreis an sowie ein 4 x 4 cm großes Quadrat.
Die Kleinen schneiden am Kopf alle vier Ecken ab. Vom weißen Streifen schneiden sie zwei Stücke als Augen ab und befestigen schwarze Locherpunkte als Pupillen. Den roten Kreis halbieren sie und verwenden eine Hälfte als Mund. Vom beigefarbenen Streifen schneiden sie ein Stück als Hals

ab. Den schwarzen Kreis schneiden die Kinder mittig durch und verwenden eine Hälfte davon für die Haare. Am schwarzen Quadrat schneiden sie alle Ecken ab und verwenden dieses als Haarknoten. Die Einzelteile des Gesichtes setzen die Kleinen mit Klebstoff zusammen. Den Hals fixieren sie von hinten und einen roten Locherpunkt bringen sie als Nase an.

Für den Oberkörper: Fertigen Sie ein rotes, 10 x 10 cm großes Quadrat an (Oberteil) sowie zwei 10 x 4 cm große Rechtecke (Arme). Für die Hände schneiden Sie zwei beigefarbene, 2 x 4 cm große Rechtecke zu und für den Halsausschnitt ein 3 x 3 cm großes Quadrat.
Ihre Jüngsten schneiden das Oberteil auf einer Seite schräg zu. Die Arme schneiden sie auf jeweils einer schmalen Seite schräg zu. An den Händen schneiden sie auf jeweils einer schmalen Seite beide Ecken ab. Das Quadrat schneiden sie diagonal durch und verwenden eine Hälfte als Halsausschnitt. Die Einzelteile setzen sie mit Klebstoff zusammen und kleben den Hals am Oberkörper fest.

Für die Schuhe: Schneiden Sie zwei schwarze, 6 x 4 cm große Rechtecke zu.
Die Kinder schneiden diese auf jeweils einer schmalen Seite schräg zu und kleben das abgeschnittene Stück mit der Spitze nach außen an.

Fertigstellung: Diesen Arbeitsschritt müssen Sie übernehmen. Falten Sie die getrockneten Kosmetiktücher vorsichtig auseinander und befestigen Sie diese mit Klebeband von hinten am Oberkörper. Die Schuhe fixieren Sie ebenfalls mit Klebeband von hinten am Rock.

Lied: In Spanien, da ist es schön

Melodie: trad., „Die Affen rasen durch den Wald"
Text: Eva Danner

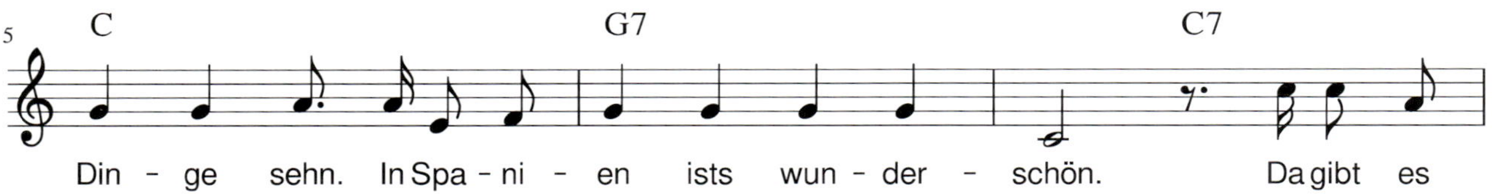

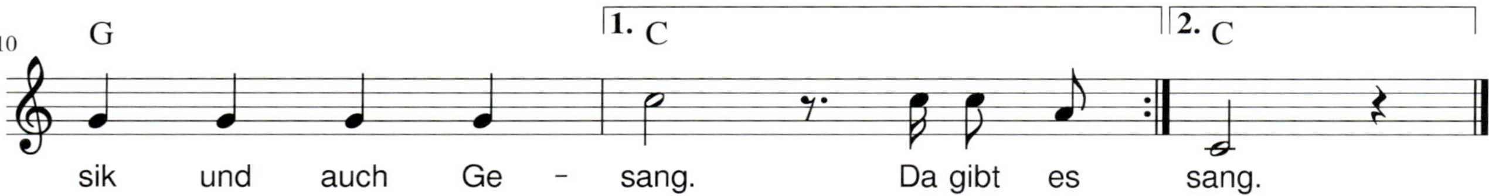

2. Da tanzt, ich seh es ganz genau,
im roten Kleid grad eine Frau.
Sie tanzt und tanzt, komm her und schau.
II: Da gibt es Meer und Strand und warmen,
weichen Sand,
da gibt's Musik und auch Gesang. :II

3. Das Essen schmeckt, ja, das ist wahr,
in Spanien ganz wunderbar.
Das Essen schmeckt das ganze Jahr.
II: Da gibt es Meer und Strand und warmen,
weichen Sand,
da gibt's Musik und auch Gesang. :II

© Boule – Shutterstock.com

Sachbetrachtung: Flamenco-Utensilien

Material:

- Kastagnetten
- Flamencokleid und -musik
- Steppschuhe

Fragen Sie bei den Eltern nach, ob jemand typische Flamenco-Utensilien (Kastagnetten, Flamencokleid, Steppschuhe o. Ä.) zu Hause hat, die er Ihnen für eine Sachbetrachtung zur Verfügung stellen kann. Sie können außerdem im Faschingsbereich schauen, ob Sie dort etwas zum Thema finden. Alternativ können Sie im Internet günstig gebrauchte Dinge erstehen, um sie den Kindern zu zeigen.
Zeigen Sie den Kindern die landestypischen Utensilien, damit sie mit der spanischen Kultur und Tradition vertraut werden.
In der Geschichte „Die Tänzerin Valentina“ (S. 30) haben die Kleinen schon etwas über den landestypischen Flamenco-Tanz erfahren. Dieser stammt ursprünglich aus Andalusien und besteht aus Gesang, Instrumentalspiel (v. a. Gitarren) und Tanz. In dieser Sachbetrachtung können Sie noch einmal näher darauf eingehen. Spielen Sie Ihren Jüngsten Flamencomusik vor und berichten Sie ihnen, dass bei der spanischen Tanzmusik oft Kastagnetten zum Einsatz kommen.

Die Kastagnetten bestehen normalerweise aus zwei schalenförmigen Holzstücken. Beim Spielen klappern diese, weshalb sie auch als Perkussionsinstrument bezeichnet werden. Es gibt auch die sogenannten Stielkastagnetten, die gerade für Kinder einfacher in der Handhabung sind, da sie diese nur schütteln müssen.
Lassen Sie den Kleinen ausreichend Zeit, um dieses außergewöhnliche Instrument ausgiebig zu betrachten und auszuprobieren.

Vielleicht haben Sie auch ein Flamencokleid und -schuhe zur Hand, die Sie Ihren Jüngsten zeigen können?

Die Schuhe haben typischerweise Absätze und sind, ebenso wie die Sohlen, mit Eisenbeschlägen verstärkt, wodurch sie auf der Bühne geräuschvoll klappern. Dies werden die Kinder beim Laufen mit diesen Schuhen schnell feststellen, denn bei jedem Schritt ist ein Klack-klack zu hören. Sicher haben die Kleinen viel Freude daran, die Schuhe einmal anzuziehen und damit herumzulaufen. Dass dies nicht so einfach ist, merken Ihre Jüngsten rasch und werden langsam und vorsichtig einen Fuß vor den anderen setzen.
Eine tolle Sachbetrachtung, die Ihren Kindern bestimmt viel Freude bereiten wird.

Bastelangebot: Fächer

Wenn Sie einen Fächer zur Hand haben, können Sie Ihren Jüngsten einen solchen einmal zeigen und seine Funktionsweise demonstrieren. Im Anschluss kann jedes Kind seinen eigenen Fächer gestalten.

Material:

- Fließpapier
- bunte Fasermaler
- wasserfeste Unterlage
- Pipette
- Schale mit Wasser
- Baststrohhalme
- Schere
- Klebstoff

Durchführung:

Fertigen Sie aus dem Fließpapier einen etwa 27 cm großen Kreis an und halbieren Sie diesen.
Die Kinder bemalen oder betupfen den Kreis mit Fasermalern ihrer Wahl und legen ihn auf die wasserfeste Unterlage. Anschließend befeuchten sie ihn mithilfe der Pipette. Sobald die Farben mit dem Wasser in Berührung kommen, bluten sie aus und färben das Papier in wunderschöne Farbverläufe.

Die Kleinen schneiden mit Ihrer Hilfe fünf Bastelstrohhalme auf die passende Größe zu und kleben diese auf den getrockneten Halbkreis (einen mittig, zwei außen und zwei in den Zwischenräumen, sodass gleich große Abstände entstehen).

Afrika ist der zweitgrößte Kontinent der Erde und hat eine Bevölkerung von über einer Milliarde Menschen. Die größte afrikanische Fläche ist ländlich geprägt, aber es gibt auch gigantische Ballungszentren, wie *Kairo (Ägypten)* oder *Kinshasa (Kongo).*

Armut und Hungersnöte sind nach wie vor große Schwierigkeiten, mit denen Afrika zu kämpfen hat, aber auch Arbeitslosigkeit ist ein Faktor, der dafür verantwortlich ist, dass der afrikanische Kontinent zu den ärmsten weltweit gehört.

Afrika ist in 55 Länder eingeteilt und in Nord-, Süd-, Ost-, West- und Zentralafrika untergliedert. Es gibt große Flüsse, wie den *Nil* oder *Niger,* und riesige Gewässer, wie den *Victoria-* oder *Tschadsee.* Gewaltige Gebirge, wie das *Kilimandscharo-Massiv,* sind in Afrika anzutreffen und auch Vulkane, Regenwälder, Wüsten und Savannen prägen das Landschaftsbild.

Einige der größten Landsäugetiere, u. a. Elefanten, Giraffen und Nashörner, sind dort heimisch, aber die afrikanische Fauna ist weitaus vielfältiger, denn auch Reptilien, wie das Nilkrokodil oder die größte Vogelart, der Strauß, leben auf dem tierreichen Kontinent. Auch giftige Tiere, z. B. Schlangen oder Skorpione, sind dort zu Hause. Viele Gebiete sind zum Schutz der Tiere errichtet worden, hierzu zählt allen voran der *Krüger-Nationalpark (Südafrika)* oder die *Serengeti (Tansania).*

In Afrika werden viele Hundert Sprachen gesprochen, u. a. Arabisch, Englisch, Französisch oder Swahili. Es ist überwiegend islamisch und christlich geprägt und man findet die ältesten Spuren menschlicher Zivilisation dort. Afrika verfügt über Bodenschätze, wie Diamanten und Gold, aber auch die Landwirtschaft spielt eine bedeutende Rolle, u. a. im Anbau von Bananen oder Kakao. Kulturell spielt Musik und Tanz für die Bevölkerung eine große Rolle. Auch die afrikanische Geschichte ist spannend und interessant, wie beispielsweise die ägyptischen Pyramiden zeigen. Heute spielt der Tourismus in Afrika eine immer größer werdende Rolle, beispielsweise bei Safaris.

Geschichte: Abla und die Musik

© Simon Dannhauer – Shutterstock.com

Material zum Nachspielen:

- Abla, Mama (als Figuren oder aus Papier)
- Hütte (aus Papier oder konstruieren)
- Sonne (aus Papier)
- Sand (braunes Tuch)
- Physalis
- Feuerstelle (Schüssel mit braunem Tuch auslegen und Flammen aus orangefarbenem und rotem Seidenpapier hineinlegen)
- Topf
- Löffel (Kochlöffel aus Holz)
- Mond (aus Papier)
- afrikanische Musik, abspielbereit
- Trommeln
- Fell (Kunstfell oder Plüsch)

Abla ist drei Jahre alt und in Afrika zu Hause.Ihr Name bedeutet „Rose" und sie gehört zur Familie der Himba, einem Naturvölker-Stamm. Abla lebt mit ihrer Familie in einer großen **Hütte**, deren Dach mit Blättern gedeckt ist. Meistens scheint die **Sonne**, denn in Afrika ist es ziemlich heiß. Aber das macht Abla und den anderen Kindern nichts aus. Sie sind daran gewöhnt. Ablas Haut ist braun und sie hat braune, lockige Haare. Um den Hals trägt sie goldene Ringe, die im Sonnenlicht glitzern. Die meiste Zeit läuft sie barfuß durch den **Sand**, der immer warm ist. Gerade geht sie zu ihrer Hütte, wo **Mama** bereits auf sie wartet. „Hallo Abla, wie geht es dir?" ruft Mama ihr zu. „Ich habe Hunger", antwortet Abla. „Mit dem Abendessen dauert es noch ein bisschen. Aber hier hast du ein paar leckere **Physalis**", sagt Mama und reicht ihr eine Hand voller orangefarbener Beeren, die wie kleine Bälle aussehen. „Danke", erwidert Abla. Während Abla sich die Beeren schmecken lässt, entzündet Mama ein Feuer in der **Feuerstelle** und stellt einen großen **Topf** hinein. Darin kocht sie eine Suppe. Mit einem hölzernen **Löffel** rührt sie die Suppe immer wieder um. „Essen ist fertig!", ruft Mama und Abla setzt sich zu ihr an die Feuerstelle. Inzwischen ist die Sonne untergegangen und der **Mond** scheint. Es ist nun deutlich kühler und das Feuer wärmt die beiden. „Die Suppe schmeckt gut", sagt Abla. Als sie gegessen haben, hat Mama noch eine tolle Idee. Sie holt zwei **Trommeln**. „Hast du Lust, ein bisschen **Musik** zu machen?", fragt sie. „Ja!", jubelt Abla. Sie liebt es, zu trommeln und zu singen. Die beiden klopfen mit den Händen auf die Trommeln und singen dazu. Irgendwann stellt Abla ihre Trommel auf den Boden und fängt an, zu tanzen. „Zeit, ins Bett zu gehen", sagt Mama nach einer Weile. „Oh, schade", antwortet Abla. „Morgen ist ein neuer Tag", erwidert Mama. „Und bestimmt wirst du auch morgen wieder tolle Dinge erleben. Aber nun ist Schlafenszeit." Abla legt sich in die Hütte auf ein weiches, kuscheliges **Fell**. Ihre Mutter küsst sie auf die Stirn und wünscht ihr eine gute Nacht. Und es dauert nicht lange, dann ist Abla eingeschlafen und vielleicht träumt sie von wunderschöner Musik.

Lied: Afrika ist riesengroß

Melodie: trad., „Ein Vogel wollte Hochzeit machen"
Text: Eva Danner

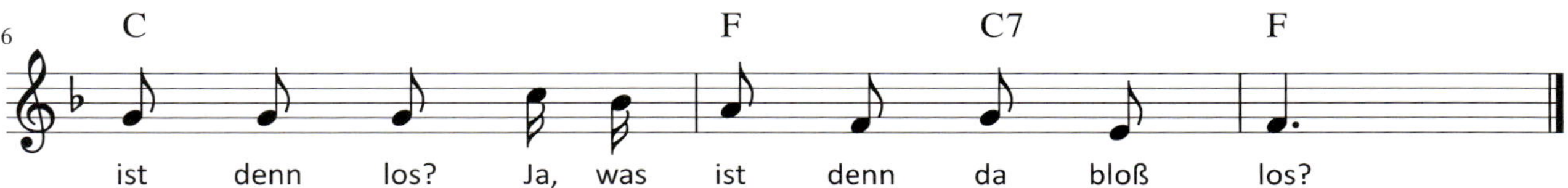

2. Ja, Afrika, das ist weit fort
   und wilde Tiere leben dort.
   Ja, es ist weit fort.
   Ja, es ist weit fort.
   Wilde Tiere leben dort.

3. Da gibt es Bäume dünn und lang
   und Kokosnüsse hängen dran.
   Ja, sie hängen dran.
   Ja, sie hängen dran.
   An den Bäumen dünn und lang.

4. Die Menschen mögen gern Musik
   und wenn du magst, dann sing doch mit.
   Ja, dann sing doch mit.
   Ja, dann sing doch mit.
   Ja, dann sing doch einfach mit.

Bastelangebot: Abla

Material:

- Tonkarton: braun, weiß, rot, schwarz und nach Wunsch
- braune Kaffeefiltertüte
- goldener Biegedraht
- Schere
- Locher
- Klebstoff
- dicker Holzmalstift o. Ä.

Durchführung:

Für den Kopf: Fertigen Sie ein braunes, 5,5 x 5,5 cm großes Quadrat an (Kopf) sowie einen 1 cm breiten Streifen (Hals). Schneiden Sie einen weißen, 1 cm breiten Streifen zu (Augen) und einen roten, 1,5 cm großen Kreis (Mund).

Die Kinder schneiden am Kopf alle vier Ecken ab. Vom braunen Streifen schneiden sie ein Stück für den Hals ab. Vom weißen Streifen schneiden sie zwei Stücke für die Augen ab und kleben zwei schwarze Locherpunkte als Pupillen auf. Einen roten Locherpunkt verwenden sie als Nase. Den Kreis halbieren die Kleinen und verwenden eine Hälfte davon als Mund. Die Einzelteile des Gesichtes setzen sie mit Klebstoff zusammen, den Hals befestigen sie von hinten am Kopf.

Für den Körper: Bereiten Sie ein braunes, 7,5 x 7,5 cm großes Quadrat vor (Bauch) sowie einen 1 cm breiten Streifen (Arme), einen 2 cm großen Kreis (Hände) und einen 3 cm großen Kreis (Füße). Falten Sie die geriffelten Stellen der Filtertüte nach hinten um und kleben Sie diese fest. Fertigen Sie ein 7,5 x 7,5 cm großes Quadrat in der Wunschfarbe an (Oberteil).
Die Kinder schneiden auf einer Bauchseite beide Ecken ab. Vom Streifen schneiden sie zwei Stücke als Arme ab. Die beiden Kreise halbieren sie und verwenden die entstandenen Hälften als Hände und Füße. Am Oberteil schneiden die Kinder auf einer Seite beide Ecken ab und einen Halbkreis als Halsausschnitt heraus (dabei benötigen sie Ihre Hilfe). Die Einzelteile des Körpers setzen Ihre Jüngsten mit Klebstoff zusammen.

Kette: Diesen Arbeitsschritt müssen Sie übernehmen. Wickeln Sie ein Stück des Drahtes um den Malstift, damit mehrere Windungen und somit eine typische Kettenform entsteht. Ziehen Sie den Stift heraus, stecken Sie den Hals der Bastelfigur hindurch und kleben Sie diesen auf der Körperrückseite fest.

Sprechvers: In Afrika

Anmerkung:

Die Kinder stehen im Kreis, der Text wird dazu gesprochen und die Bewegungen entsprechend ausgeführt.

Verse sprechen ...	Bewegungen ...
In Afrika, in Afrika, da scheint die Sonne, das ist wahr.	*Finger einer Hand spreizen = Sonne*
Die Kinder dort, die mögen sehr Musik und Tanz, das ist nicht schwer.	*ausladende Handbewegung*
Sie drehen sich vergnügt im Kreis und singen laut und auch mal leis.	*sich im Kreis drehen, tanzen*
Sie stampfen fest mit ihren Füßen und winken, um dich zu begrüßen.	*stampfen* *winken*
Und sie lieben es, zu klatschen oder fröhlich auch zu patschen.	*klatschen* *auf Oberschenkel patschen*
Sie wackeln lustig mit dem Po, schau gut hin, denn das geht so!	*mit dem Popo wackeln*
Sie trommeln auch, wer hätts gedacht? Weil ihnen das viel Freude macht.	*auf Oberschenkel patschen oder echte Trommeln anbieten*
Doch jeden Abend, das ist klar, gehn Kinder auch in Afrika,	*auf der Stelle laufen*
dann in ihr Bett und wollen Ruh und machen ihre Augen zu.	*auf Boden legen und Augen schließen*

Bastelangebot: Traditionelle Hütte

Material:

- Tonkarton: hellbraun, dunkelbraun, grün
- Schere
- Klebstoff

Durchführung:

Fertigen Sie für die Hütte ein hellbraunes, 20x20 cm großes Quadrat an, für die Tür ein dunkelbraunes, 7x7 cm großes Quadrat und für das Blätterdach 5–7 grüne, 20x4 cm große Rechtecke.

Die Kinder schneiden auf einer Seite von Hütte und Tür jeweils beide Ecken ab. Die grünen Rechtecke schneiden sie auf jeder schmalen Seite spitz zu und setzen die Einzelteile mit Klebstoff zusammen.

Sachbetrachtung: Physalis

Gut zu wissen:

Aufgrund der Säure sollten die Kinder nicht zu viele dieser exotischen Früchte verzehren.

Abla hat den Kindern etwas Tolles mitgebracht: eine Physalis. Diese exotische Frucht wird auch als Kapstachelbeere bezeichnet und zählt zur Familie der Nachtschattengewächse. Ursprünglich stammt sie aus Südamerika, wird aber heute vor allem in Afrika angebaut und exportiert. Sie hat viele Vitamine und einen süß-säuerlichen Geschmack.

Zeigen Sie den Kindern zunächst die unbekannte, noch mit Blättern verschlossene Frucht. Fragen Sie, ob jemand so etwas schon einmal gesehen hat. Jedes Kind, das möchte, darf die Physalis einmal vorsichtig in die Hand nehmen und betrachten. Berichten Sie, worum es sich hierbei handelt.

Haben Sie die dünnen, bräunlichen Blätter entfernt, kommt die eigentliche kleine, runde und gelb-orange gefärbte Frucht zum Vorschein. Lassen Sie die Kinder zunächst auch die Blätter betrachten und befühlen, die in ihrer Beschaffenheit ein bisschen an Papier erinnern. Berichten Sie ihnen auch, dass diese besonderen Blätter in Afrika traditionell als Pflaster verwendet werden.

An der runden Frucht darf im Anschluss jede*r riechen. Stellen Sie kindgerechte Fragen, die die Kleinen zum Sprechen und genauen Betrachten animieren:
„Welche Farbe hat die Frucht?“
„Ist sie klein oder groß?“
„Ist sie rund wie ein Ball oder sieht sie wie ein Würfel aus?“
„Riecht sie gut?“

Natürlich hat Abla nicht nur eine einzige Frucht mitgebracht, sondern ein ganzes Körbchen voll. So kann jedes Kind auch einmal probieren, wie eine Physalis schmeckt. Jede*r darf sich eine Beere nehmen und die Blätter selbst entfernen. Ist dies geschafft, kann Ablas Überraschung auch endlich probiert werden.

Sachbetrachtung: Trommeln

Von Abla haben die Kinder bereits erfahren, dass diese, ebenso wie die meisten Afrikaner*innen, das Musizieren liebt. Am liebsten spielt Abla auf einer Trommel. Da bietet es sich an, dass die Kinder einmal nach Herzenslust ein solches Instrument ausprobieren können. Sie können selbst entscheiden, welche Art von Trommeln Sie Ihren Jüngsten zur Verfügung stellen möchten.

Eine **Bongotrommel** eignet sich gut, da diese kleine Röhrentrommel auf den Boden gestellt werden kann und somit für die Kinder gut handzuhaben ist. Die beiden unterschiedlich großen Trommeln einer Bongo sind mit einer Haut bespannt (meist Tier- oder Kunststofffell) und werden mit den Händen oder mit Schlägeln gespielt. Ganz traditionell dürfen die Kinder zum Trommeln ihre Hände verwenden. Jedes Kind kann die Trommel einmal ausprobieren und ihrem Klang lauschen. Animieren Sie Ihre Jüngsten dazu, indem Sie Anreize schaffen, wie:
„Kannst du die Trommel ganz leise spielen?"
„Kannst du auch laut trommeln?"
„Kannst du mit beiden Händen trommeln oder geht es besser mit nur einer Hand?"
Auf diese Weise setzen sich die Kinder noch intensiver mit diesem Instrument auseinander.

Auch **Handtrommeln** sind gut geeignet, um sie den Kindern zum Musizieren anzubieten. Beim gemeinsamen Singen können die Kleinen diese verwenden und die Lieder damit begleiten. Dies macht nicht nur viel Spaß, sondern fördert die Musikalität und das Rhythmusgefühl der Kinder.

Weitere geeignete Trommeln sind:

- Djembe
- Cajon
- Bodentrommel
- Tamburin

Bewegungsimpuls: Unterwegs in Afrika

Der afrikanische Kontinent ist vielseitig und hat neben Regenwäldern auch Höhlen, Seen, Berge und Wüsten zu bieten. Bei den folgenden Bewegungsstationen können die Kinder nicht nur die Vielfältigkeit Afrikas kennenlernen, sondern sich auch körperlich erproben. Geben Sie bei Bedarf den Kindern immer Hilfestellungen.

1. Station: Höhlen

Material:

- 2 Langbänke
- 2 Reifen

Aufbau:

Stecken Sie die beiden Reifen zwischen die zwei dicht nebeneinanderstehenden Bänke und fertig sind die Höhlen: eine oberirdische und eine unterirdische.

So geht's:

Erzählen Sie den Kindern, dass alle gleich verschiedene Höhlen erkunden dürfen. Für die oberirdischen Höhlen krabbeln die Kleinen auf den Bänken durch die Reifen hindurch, was ein gutes Körpergefühl verlangt und die Arm- und Beinmuskulatur fördert. Um die unterirdischen Höhlen zu durchqueren, müssen sich die Kinder flach auf den Boden legen und durch die Bänke und Reifen krabbeln.

2. Station: Hügel

Material:

- 2 Langbänke
- 1 Turnmatte
- optional: kleine Säcke o. Ä., Kiste und Korb

Aufbau:

Stellen Sie eine Bank längs auf und platzieren Sie die andere in etwa 1 m Abstand quer. Legen Sie die Matte über die quer stehende Bank. Wenn Sie möchten, stellen Sie einen mit Säckchen gefüllten Korb neben die längs stehende Bank. Die Kiste platzieren Sie hinter der quer stehenden.

So geht's:

Berichten Sie den Kindern, dass der Weg ins Dorf über eine hügelige Landschaft führt. Wer möchte, kann auf dem Weg noch ein Säckchen Hirse mitnehmen, das über Bank und Matte zur Kiste transportiert werden muss. Die Kleinen balancieren über die Bank und krabbeln über die Matte. Dabei schulen sie ihr Gleichgewicht und ihre Arm- und Beinmuskulatur.

3. Station: Dschungel

Material:

- 2 Langbänke
- 2 Turnmatten
- grüne und braune Tücher

Aufbau:

Stellen Sie die beiden Bänke mit etwa 1 m Abstand zueinander auf und klemmen Sie die beiden Turnmatten dazwischen, sodass eine Art Tunnelgang entsteht. Die Matten bedecken Sie mit den grünen und braunen Tüchern, um eine dschungelähnliche Optik zu erzielen.

So geht's:

Erzählen Sie Ihren Jüngsten, dass alle durch den dichten Urwald wandern. Die Kleinen krabbeln durch die Matten und schulen dabei ihre Kondition und Ausdauer.

4. Station: Berg

Material:

- 2 Langbänke
- 1 Kletterelement (oder Pikler-Dreieck)
- Matten zum Sichern

Aufbau:

Hängen Sie auf jeder Seite des Kletterelements eine Bank ein und sichern Sie alles mit Matten ab.

So geht's:

Berichten Sie, dass jede*r nun die Möglichkeit hat, auf einen der größte Berge Afrikas zu steigen. Die Kinder laufen über die erste Bank (welche eine Steigung hat) nach oben, krabbeln von einer Seite des Kletterelements zur anderen und laufen auf der zweiten Bank (die ein Gefälle hat) wieder hinunter.

Hierbei werden ihr Gleichgewicht, ihre Arm- und Beinmuskulatur und ihre Kondition gefördert.

5. Station: Strand

Material:

- Matten
- Muscheln
- Eimer oder anderer Behälter

Aufbau:

Platzieren Sie die Matten an verschiedenen Stellen Ihres Turnraumes, damit sich die Kinder ausreichend bewegen können, und verteilen Sie die Muscheln darauf. Stellen Sie den Eimer bereit.

So geht's:

Erzählen Sie den Kleinen, dass sie am Strand unterwegs sind und Muscheln sammeln können. Die Kinder nehmen sich eine Muschel und legen sie in den Eimer. Jedes Kind sammelt so viele es möchte und schult dabei seine Koordination und Ausdauer.

Nordamerika ist der drittgrößte Kontinent der Erde und wie es der Name bereits verrät, ist es der nördliche Teil des amerikanischen Kontinents. Er ist umgeben von *Atlantik* und *Pazifik*, der *Karibik* und dem *Arktischen Ozean* und die Verbindung zum südamerikanischen Kontinent wird als *Landenge von Panama* bezeichnet.

Es gibt 23 nordamerikanische Staaten und das Klima ist eines der extremsten weltweit: von Hitzewellen und Dürren über Tornados und Blizzards bis hin zu Hurrikans sind die vielfältigsten Wetterphänomene, teils mit enormer Zerstörungskraft, dort anzutreffen.

Viele indigene Urvölker, wie *Apachen, Sioux, Navajo* oder *Irokesen,* gründeten Stämme und Gemeinschaften, die noch heute dort leben. Diese Volksgruppen stellen eine klare Minderheit auf dem amerikanischen Doppelkontinent dar.

Große Gebirgsketten, wie die *Rocky Mountains,* sind auf dem nordamerikanischen Kontinent zu finden und zu den größten Städten zählen *New York, Los Angeles* oder *Chicago.* Es gibt unzählige Sehenswürdigkeiten zu bestaunen, wie die *Golden Gate Bridge (San Francisco),* die *Niagarafälle* (Grenze Bundesstaat *New York*/kanadische Provinz *Ontario*), die *Freiheitsstatue (New York)* oder das *Empire State Building (New York).* Auch viele einzigartige Nationalparks liegen in Nordamerika, wie beispielsweise der *Yellowstone-Nationalpark,* der *Grand Canyon* oder der *Yosemite-Nationalpark.*

Landwirtschaft spielt eine große Rolle und so werden neben Mais und Zuckerrüben auch große Mengen an Weizen angebaut. Auch die Viehzucht stellt einen hohen wirtschaftlichen Anteil dar.

Geschichte: Jack und Nico

Anmerkung:

Bereiten Sie im Anschluss mit den Kindern Popcorn zu (s. S. 52). Ob Sie dies in eine Pfanne tun wie Jack oder eine Popcornmaschine verwenden, bleibt Ihnen überlassen.

Material zum Nachspielen:

- Jack, Nico (als Figuren oder aus Papier)
- Blockhütte (aus Papier oder konstruieren)
- Bäume (aus Papier oder Holz)
- Schneeschicht (weiße Tücher)
- Schneeflocken (weiße Locherpunkte oder Kunstschnee)
- Vögel (Glockenspiel)
- Körner (Getreide)
- See (blaues Tuch)
- Bank (Dekobank o. Ä.)
- Hundefutter (Bohnen, Muggelsteine o. Ä.)
- Wasserschale
- Sofa (Puppensofa oder konstruieren)
- Buch
- Mais
- Pfanne mit Deckel

Jack lebt in Nordamerika, genauer gesagt in Kanada. Er hat ein Haus, das er aus Holz gebaut hat. Jack nennt es seine **Blockhütte**. Darin ist es warm und gemütlich. Und das sollte es auch sein, denn in Kanada kann es im Winter sehr kalt werden. Auf der Erde und den **Bäumen** liegt eine weiße **Schneeschicht** und unzählige **Schneeflocken** fallen vom Himmel. Weil heute ein besonders schöner Wintertag ist, beschließt Jack, einen Spaziergang zu unternehmen. „Hey **Nico**!", ruft er. „Let's go!" Das heißt so viel wie „Lass uns gehen!". Nico ist ein Husky mit einem blauen und einem braunen Auge. Er bellt vor Freude und wedelt mit dem Schwanz. Jacks Hütte steht mitten im Wald. Für Nico braucht er deshalb keine Leine, er darf toben, wo immer er möchte. Jack betrachtet die verschneiten Bäume. „How nice", sagt er und staunt, wie schön der Wald aussieht. Hin und wieder hört man **Vögel** in den Bäumen zwitschern. In ihren Nestern haben sie es auch im Winter warm und gemütlich. Dann greift Jack in seine Tasche und streut **Körner** auf den Boden, damit die Vögel sie picken können. Jetzt im Winter finden sie kaum Futter, deshalb freuen sie sich über die köstliche Leckerei. Jack und Nico kommen an einem großen **See** vorbei, der zugefroren ist. Jack setzt sich auf eine **Bank** und Nico rennt auf dem See herum. Da dieser aber glatt ist, rutscht der übermütige Husky mit seinen Pfoten übers Eis, was ziemlich lustig aussieht. Nach einer Weile müssen sich die beiden auf den Heimweg machen, denn es ist schon spät geworden. „Nico!", ruft Jack. „Let's go!" Sogleich springt der Husky herbei und die beiden machen sich auf den Rückweg. Zu Hause bekommt Nico eine große Portion **Hundefutter** und eine **Schale** mit Wasser. Er schlabbert und schmatzt und es scheint ihm gut zu schmecken. „Ich habe Lust auf Popcorn", sagt Jack und geht in die Küche. Dort holt er den **Mais** aus dem Schrank und gibt eine Handvoll in eine **Pfanne**. Dann macht er den **Deckel** drauf und schaltet die Herdplatte ein. Nun wird es eine Weile dauern, bis die vielen kleinen Körnchen heiß werden und zu leckerem Popcorn aufplatzen. Und bis es soweit ist und laut „Peng!" macht, setzt sich Jack gemütlich aufs **Sofa** und liest ein **Buch**.

Bastelangebot: Jack, der Kanadier

Material:

- Tonkarton: beige, weiß, rot, schwarz, braun, blau und nach Wunsch
- braunes Plüsch- oder Kunstfell
- Schere
- Klebstoff
- Locher

Durchführung:

Für den Kopf: Bereiten Sie ein beigefarbenes, 8x8 cm großes Quadrat vor (Kopf), zwei 2x2 cm große Quadrate (Ohren) und einen 2 cm breiten Streifen (Hals). Fertigen Sie einen weißen, 1 cm breiten Streifen an (Augen), einen roten, 3 cm großen Kreis (Mund) und ein braunes, 8x4 cm großes Rechteck (Mütze).

Die Kinder schneiden am Kopf alle vier Ecken ab. An den Ohren schneiden sie auf jeweils einer Seite beide Ecken ab. Vom beigefarbenen Streifen schneiden sie ein Stück für den Hals ab. Vom weißen Streifen schneiden sie zwei Stücke als Augen ab und befestigen schwarze Locherpunkte als Pupillen. Den Kreis halbieren sie und verwenden eine Hälfte als Mund. Die Mütze schneiden sie auf einer breiten Seite schräg zu und setzen die Einzelteile des Gesichtes mit Klebstoff zusammen. Einen roten Locherpunkt fixieren sie als Nase und den Plüschstoff befestigen sie von hinten an der Mütze.

Für den Körper: Fertigen Sie ein 10x10 cm großes Quadrat (Bauch) und einen 20x2,5 cm langen Streifen (Arme) in der Wunschfarbe der Kinder an. Bereiten Sie einen beigefarbenen, 3 cm großen Kreis vor (Hände) und einen blauen, 30x4 cm langen Streifen (Hose). Schneiden Sie für die Stiefel einen schwarzen, 10x2,5 cm langen Streifen zu sowie zwei 7x4 cm große Rechtecke.
Die Kinder schneiden auf einer Bauchseite beide Ecken ab. Alle Streifen sowie den Kreis halbieren sie und verwenden die entstandenen Hälften als Arme, Hände, Hosenbeine und Stiefel. Die beiden schwarzen Rechtecke schneiden sie auf jeweils einer schmalen Seite schräg zu. Die Einzelteile des Körpers setzen sie mit Klebstoff zusammen und befestigen diesen am Hals.

Fingerspiel: In Kanada

Verse sprechen ...	Finger spielen ...
Schau! Jack und Nico leben ja im wunderschönen Kanada.	*Hand beschattet Augen* *Arme bilden einen Kreis*
Im Sommer scheint die Sonne heiß, im Winter gibt's viel Schnee und Eis.	*Finger einer Hand spreizen = Sonne* *Finger lassen Schnee rieseln*
Es wachsen Bäume hoch empor und Vögel zwitschern, spitz dein Ohr!	*Arme nach oben strecken* *Hand hinter das Ohr halten*
Es gibt auch Berge, wirklich wahr, dort überall in Kanada.	*Hände formen eine Spitze = Berg* *ausladende Handbewegung*
Und Jack und Nico, die sind froh, so schön ist es sonst nirgendwo.	*Daumen nach oben strecken*
Drum freun sie sich das ganze Jahr an ihrem schönen Kanada.	*Ausladende Handbewegung*

Bastelangebot: Schneemann

Material:

- blauer Fotokarton (etwa DIN A3)
- weiße Fingerfarbe
- flacher Plastikuntersetzer
- Tonkarton: weiß, schwarz, orange
- Schere
- Locher
- Klebstoff
- weißes Wattepad
- weißer, runder Kaffeefilter (Durchmesser 9 cm)
- optional: Dekobesen und Papier-Tassenuntersetzer

Durchführung:

Für die Schneeflocken: Geben Sie die weiße Fingerfarbe auf den Untersetzer und legen Sie den blauen Papierbogen bereit. Die Kinder tauchen ihren Zeigefinger in die Farbe und drucken Fingerpunkte als Schneeflocken auf das Papier. Diese lassen Sie am besten über Nacht trocknen.

Für den Schneemann: Bereiten Sie einen schwarzen, 1 cm breiten Streifen vor (Augen/Knöpfe/Hutkrempe) und ein orangefarbenes, 1 x 2 cm großes Rechteck (Karottennase). Für den Hut fertigen Sie ein schwarzes, 4 x 3 cm großes Rechteck an. Die Kleinen schneiden vom schwarzen Streifen ein Stück für die Hutkrempe ab, 3–4 Stücke für die Knöpfe und zwei Stücke für die Augen. Weiße Locherpunkte befestigen die Kinder als Pupillen. Das orangefarbene Rechteck schneiden sie diagonal durch und verwenden eine Hälfte als Karottennase. Augen und Nase fixieren sie auf dem Wattepad. Am schwarzen Rechteck schneiden die Kinder auf einer breiten Seite beide Ecken ab. Die Einzelteile des Hutes setzen sie mit Klebstoff zusammen, die Knöpfe kleben sie auf den Kaffeefilter.

Fertigstellung: Die Kinder befestigen Kopf, Körper und Hut des Schneemanns auf dem blauen Papierbogen und schon steht dieser, umringt von unzähligen Schneeflocken, im Winterwald.

Gut zu wissen:

Wenn gewünscht, können die Kleinen einen Tassenuntersetzer aus Papier mittig durchschneiden und beide Hälften als Wolken auf ihrem Bild befestigen. Ein Dekobesen kann am Schneemann fixiert werden.

Rezept: Popcorn

Mithilfe einer Popcornmaschine können die Kinder dabei helfen, leckeres Popcorn zuzubereiten, so wie Jack es in seiner Blockhütte getan hat. Zeigen Sie den Kleinen zunächst den Mais und berichten Sie ihnen, worum es sich hierbei handelt. Stellen Sie Fragen wie:
„Was könnte das sein?"
„Welche Farbe hat es?"
„Sind die Körner klein oder groß?"
„Hart oder weich?"

Auf diese Weise setzen sich die Kinder intensiv mit der äußeren Erscheinungsform der Maiskörner auseinander.
Wer möchte, darf einige Maiskörner in die Maschine füllen, ehe mit heißer Luft die Körner darin zu „tanzen" beginnen. Diesen Vorgang können Ihre Jüngsten beobachten und sie dürfen vorsichtig und in sicherer Entfernung die heiße Luft an der Hand spüren, denn nur mit Wärme werden die Körner bald platzen.

Gut zu wissen:

Wenn Sie keine Popcornmaschine haben, eignet sich auch eine Pfanne oder ein Topf mit Glasdeckel, damit die Kinder sehen können, wie der Mais aufplatzt. Hier sollten Sie jedoch einige Tropfen Pflanzenöl hinzugeben, damit die Körner nicht anbrennen.

Und noch etwas passiert mit den Maiskörnern: Wenn sie sich langsam erwärmen, verströmen sie einen angenehmen Duft. Weisen Sie die Kinder darauf hin und bitten Sie diese, mit ihrer Nase zu schnuppern, ob sie etwas riechen können.

Wenn die Maiskörner aufplatzen, ist ein lautes Geräusch zu hören. „Peng!" macht es, immer und immer wieder, was Ihre Jüngsten sicher begeistern wird. Sobald die Hülle der Maiskörner platzt, hat sich auch das Aussehen verändert: die kleinen, gelben Körner sind nun groß und weiß geworden.

Bastelangebot: Tanne

Die Hütte von Jack steht in Kanada in einem Wald. Dort gibt es viele Nadelbäume. Diese werden Sie nun mit den Kindern basteln. Und wenn jedes Kind einen Baum gebastelt hat, entsteht aus allen zusammen ein ganzer Nadelwald.

Material:

- weißer Tonkarton (etwa DIN A4 oder größer)
- grüne Fingerfarbe
- Pinsel
- Bleistift
- Schere

Durchführung:

Die Kinder bemalen den weißen Papierbogen mit grüner Fingerfarbe. Dabei entscheidet jedes Kind selbst, wie viel Farbe es auftragen möchte.
Nach dem Trocknen zeichnen Sie mithilfe des Bleistifts eine Tannenbaumform auf die Papierrückseite und schneiden diese aus.

Variation:

Sie können aus den bemalten Papierbögen jeweils zwei Quadrate anfertigen (Größe richtet sich nach der gewählten Papiergröße). Die Kinder schneiden diese diagonal durch und kleben drei der entstandenen Dreiecke zu einer Tanne übereinander. Wenn Sie möchten, können Sie am Schluss alle gebastelten Bäume auf einem Plakat arrangieren und so einen Nadelwald kreieren, der als Deko in der Gruppe dient.

Südamerika

Südamerika ist, wie es der Name bereits verrät, der südliche Teil des amerikanischen Kontinents. Es ist die viertgrößte Landfläche der Erde, hat 13 Länder und ist sowohl vom *Atlantik* als auch vom *Pazifik* umschlossen.
Auf dem südamerikanischen Kontinent gibt es unzählige Flüsse und Gebirge, u. a. die *Anden* und den *Amazonas*. Charakteristisch für Südamerikas Tierwelt sind z. B. Faultiere, Gürteltiere und Ameisenbären.
Überwiegend wird Spanisch und Portugiesisch gesprochen, aber auch die englische Sprache ist weit verbreitet sowie viele andere. Südamerika ist bekannt für Bodenschätze wie Gold oder Silber, aber auch Kupfer und Zinn werden dort abgebaut. Die Schifffahrt spielt an den Küstenregionen nach wie vor eine bedeutende Rolle, während die Straßenverhältnisse im Allgemeinen nicht besonders gut sind.

Fantastisch ist die Natur dieses einzigartigen Kontinents mit teils unerforschten Regenwaldgebieten, wunderschönen Stränden, riesigen Wasserfällen und grandiosen Nationalparks.
Was wohl viele mit Südamerika verbinden, ist der *Zuckerhut* (ein ca. 400 m hoher Berg auf der Insel *Urca*) und die berühmte *Christusstatue* im Süden *Rios* – kein Wunder, denn die Mehrheit der Menschen dort ist römisch-katholisch. Die größte Salzwüste der Erde ist in *Bolivien* zu finden und die *Inka*-Stadt *Machu Picchu* ist eine der bekanntesten Sehenswürdigkeiten und Sinnbild alter Kulturen, welche in Südamerika fest verankert sind.
Typische südamerikanische Gerichte sind *Empanadas* (Teigtaschen) oder *Ceviche*. Reis, Bohnen und Mais dürfen bei keinem Essen fehlen.
Musik und Tanz spielt in der südamerikanischen Kultur eine große Rolle, wie u. a. der bekannte *Samba, Rumba* oder *Reggae*. Fußball genießt eine hohe Beliebtheit, aber auch Volleyball und Basketball sind gern genutzte Sportarten.

Geschichte: Ein Faultier zu Besuch

© kungverylucky – stock.adobe.com

Material zum Nachspielen:

- Ida, Mama, Papa, Tierpflegerin (als Figuren oder aus Papier)
- Sonne (aus Papier)
- Bäume (aus Papier oder konstruieren)
- Kacka (kleiner Kothaufen aus Papier o. ä.)
- Faultier (aus Papier oder als Figur)
- Würstchen, Brot, Käse, Kuchen (aus dem Kinderkaufmannsladen)
- Blätter, Blumen (aus Papier oder Filz)
- Papaya

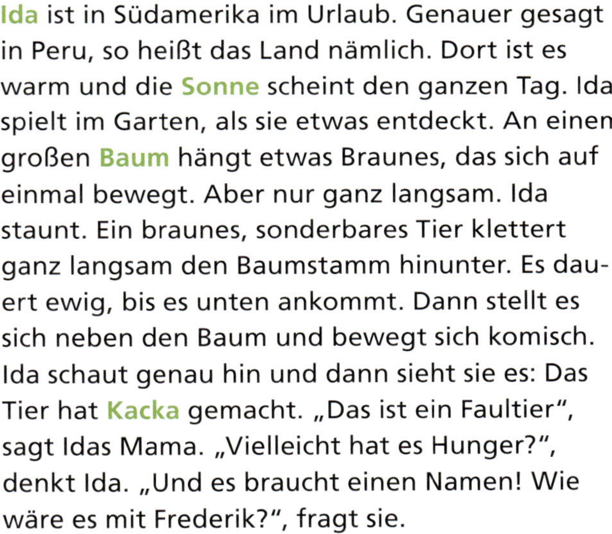

Ida ist in Südamerika im Urlaub. Genauer gesagt in Peru, so heißt das Land nämlich. Dort ist es warm und die **Sonne** scheint den ganzen Tag. Ida spielt im Garten, als sie etwas entdeckt. An einem großen **Baum** hängt etwas Braunes, das sich auf einmal bewegt. Aber nur ganz langsam. Ida staunt. Ein braunes, sonderbares Tier klettert ganz langsam den Baumstamm hinunter. Es dauert ewig, bis es unten ankommt. Dann stellt es sich neben den Baum und bewegt sich komisch. Ida schaut genau hin und dann sieht sie es: Das Tier hat **Kacka** gemacht. „Das ist ein Faultier", sagt Idas Mama. „Vielleicht hat es Hunger?", denkt Ida. „Und es braucht einen Namen! Wie wäre es mit Frederik?", fragt sie.

„Das ist ein schöner Name", bestätigt Papa. „Und nun schauen wir mal, was wir Frederik zu essen geben können."

Ida nimmt ihn vorsichtig auf den Arm. Jetzt erst sieht sie die drei großen Krallen an dessen Armen und Beinen. Damit hält es sich an Idas T-Shirt fest. Das tut nicht weh und Ida streichelt Frederik über den Kopf. Dann hält sie ihm ein **Würstchen** hin. „Hier für dich." Aber Frederik rührt es nicht an. „Ich glaube, er mag keine Würstchen", sagt Papa. „Dann gebe ich ihm etwas **Brot** mit **Käse**", sagt Ida und bringt ein Käsebrot. Aber Frederik nimmt es nicht. „Käsebrot mag er offenbar auch nicht", sagt sie und holt ein Stück **Kuchen**. „Kuchen mag er bestimmt. Jeder mag Kuchen", ist sie sicher. Aber Frederik will auch keinen Kuchen. Ida ist ratlos. „Was machen wir jetzt? Frederik muss doch etwas essen." Ihre Eltern überlegen. Dann hat Papa eine Idee: „Gestern waren wir doch im Tierpark. Vielleicht wissen die, was zu tun ist?" Sofort setzen sich alle ins Auto und fahren los. Als sie im Tierpark ankommen, berichten sie einer **Tierpflegerin,** was los ist. „Es war eine gute Idee, den kleinen Burschen herzubringen. Bei uns leben noch viele andere Faultiere. Wir füttern sie und manche müssen wir auch gesund pflegen. Dann bringen wir sie zurück in den Wald", erklärt sie. Sie holt grüne **Blätter** und legt ein paar bunte **Blumen** dazu. Auch ein Stück **Papaya** bekommt Frederik. Dieses greift er als Erstes und dann knabbert er das restliche Essen. Aber nur ganz langsam. Dann gähnt Frederik. „Ich glaube, er wird müde", sagt die Tierpflegerin. „Magst du dich von ihm verabschieden, Ida?" Diese nickt und ist ein bisschen traurig, denn sie hätte das kleine Faultier am liebsten behalten. Aber natürlich weiß sie, dass das nicht geht. Denn Frederik ist in Peru zu Hause, und zwar im Wald. Und genau dorthin wird die freundliche Tierpflegerin ihn auch bringen, wenn er groß und stark geworden ist. Aber bis es so weit ist, wird er hier im Tierpark bleiben und gut versorgt werden.

Bastelangebot: Faultier

Material:

- Tonkarton: hellbraun, dunkelbraun, schwarz, weiß
- schwarze Fasermaler
- braune Märchenwolle
- 2 weiße Klammern (Länge ca. 4,5 cm)
- Schere
- Klebstoff
- Locher
- Heißkleber

Durchführung:

Für den Kopf: Bereiten Sie ein hellbraunes, 8x8 cm großes Quadrat vor (Kopf) und ein schwarzes, 2x2 cm großes Quadrat (Nase).
Für die Augen fertigen Sie ein dunkelbraunes, 6x2 cm großes Rechteck an sowie einen weißen, 1 cm breiten Streifen. Legen Sie den Fasermaler und die Märchenwolle bereit.
Die Kinder schneiden an Kopf und Nase alle Ecken ab. Das dunkelbraune Rechteck halbieren sie. Vom weißen Streifen schneiden die Kleinen zwei Stücke ab und kleben schwarze Locherpunkte als Pupillen auf. Die Einzelteile des Gesichtes setzen sie mit Klebstoff zusammen. Den Mund zeichnen sie mithilfe des Fasermalers und etwas Märchenwolle befestigen sie als Haare.

Für den Körper: Schneiden Sie ein hellbraunes, 24x10 cm großes Rechteck zu (Körper) und zwei 15x5 cm große Rechtecke (Beine). Fertigen Sie zwei weiße, 5,5 cm große Kreise an (Krallen) und legen Sie die Klammern bereit.
Die Kinder schneiden auf einer schmalen Bauchseite die Ecken ab und auf der anderen Seite schneiden sie das Rechteck schräg zu. Die Beine schneiden sie auf jeweils einer schmalen Seite schräg zu. An den Kreisen schneiden die Kleinen auf jeder Seite ein Drittel ab. Die entstandenen vier Stücke verwenden sie als Krallen. Die Einzelteile des Körpers setzen sie mit Klebstoff zusammen und fixieren den Kopf daran.

Fertigstellung:

Diesen Arbeitsschritt müssen Sie übernehmen, da er mit Heißkleber ausgeführt wird, der nicht in die Hände von Kindern gelangen darf. Kleben Sie jeweils zwischen zwei Krallen eine Klammer verkehrt herum an die Füße. Nun könnten Sie das Faultier an den Klammern an einem Seil o. Ä. befestigen.

Achtung:
Arbeiten mit Heißkleber dürfen nur von Erwachsenen ausgeführt werden.

Lied: Ich bin ein Faultier

Melodie: trad., „In meinem kleinen Apfel"
Text: Eva Danner

2. Ich habe lange Krallen, drei Stück an jedem Bein.
Ich schlafe in den Bäumen, sogar bei Sonnenschein.

3. Ich fresse gerne Blüten und jedes grüne Blatt.
Danach will ich dann schlafen, denn ich bin müd und satt.

4. Ich hänge an den Ästen den ganzen langen Tag.
Dort döse ich gemütlich, weil ich das gerne mag.

5. Ich bin ja sehr gemütlich und habe weiches Fell.
Ja, ich bin immer langsam und wirklich niemals schnell.

6. Ich kletter nur nach unten, wenn ich mal dringend muss.
Und weil das jetzt der Fall ist, ist mit dem Lied nun Schluss.

Fingerspiel: Das Faultier

Verse sprechen …	Finger spielen …
Das Tier im Baum, da, schau's dir an,	*Hand beschattet Augen*
es hängt an einem Ast dort dran.	*Hand umschließt anderen Unterarm*
Es ist ganz braun, hat weiches Fell	*Mit der Hand über den Körper streichen*
und ist stets langsam, niemals schnell.	*Hände langsam „schaufelartig" bewegen*
Gemütlich streckt's die Arme aus	*Langsam die Arme ausstrecken*
und zupft vom Baum ein Blatt heraus.	*pantomimisch etwas abzupfen*
Dies kaut es langsam, ohne Hast,	*Langsam kauen; laut atmen*
und macht danach erst einmal Rast.	*mit Handrücken über Stirn wischen*
Mit seinen Krallen, die es hat,	*Finger zu Krallen formen*
hängt es nun da, ganz müd und matt.	
Macht erst einmal die Augen zu,	*Augen schließen*
ich glaub, es will jetzt seine Ruh.	
Schläft glücklich ein im großen Baum	*Arme formen einen Kreis = Baum*
und träumt nen wunderschönen Traum.	*Kopf auf gefaltete Hände legen*

Sachbetrachtung: Papaya

Die Kinder haben bereits erfahren, dass das Faultier gern süße Papayas verspeist. Da bietet es sich an, diese exotische Frucht einmal genauer unter die Lupe zu nehmen.

Die Papaya stammt, wie es der Name bereits verrät, vom Papayabaum, der zur Familie der Melonenbaumgewächse zählt und in Südamerika heimisch ist. Der Baum kann bis zu 10 m hoch werden und hat große Laubblätter am Stamm. Die reife Frucht, auch Baummelone genannt, schmeckt süßlich und ist sehr gesund (viel Vitamin C, wenig Kalorien). Die Frucht ist reif, wenn sich ihre grüne Schale gelb verfärbt.

Geben Sie den Kindern eine reife Papaya und fragen Sie, ob jemand weiß, worum es sich handelt. Jedes Kind darf die exotische Frucht in die Hände nehmen und genau betrachten und befühlen. Stellen Sie Fragen wie:
„Welche Farbe hat die Frucht?“
„Ist sie rund wie ein Ball oder sieht sie wie ein Ei aus?“

„Riecht sie?“
„Ist sie klein oder groß?“
„Leicht oder schwer?“
„Pikst sie oder ist sie glatt und weich?“
Auf diese Weise setzen sich die Kleinen intensiv mit der äußeren Erscheinung der Papaya auseinander.

Berichten Sie anschließend, worum es sich handelt, und schneiden Sie die Frucht in zwei Hälften. Nun wird es erneut spannend, denn das Innere sieht spektakulär aus: Das Fruchtfleisch ist orange bis lachsrot und unzählige braune Kerne (Samen) sind darin zu finden. Geben Sie den Kindern ausreichend Zeit, das Innere der Papaya ausgiebig zu betrachten. Wer möchte, kann auch daran riechen oder die vielen kleinen Kerne berühren.

Entfernen Sie Schale und Kerne und schneiden Sie das Fruchtfleisch in kleine, mundgerechte Stücke. Nun kann jedes Kind von der unbekannten Frucht probieren. Aufgrund der Fruchtsäure sollten die Kinder keine großen Mengen der Papaya verzehren.
Aber sicher wird sie Ihren Jüngsten genauso gut schmecken wie dem Faultier Frederik.

Asien

Asien, übersetzt „Sonnenaufgang", ist, flächenmäßig betrachtet, der größte aller Erdteile. Mehr als die Hälfte der aktuellen Weltbevölkerung befindet sich auf dem asiatischen Kontinent. 47 Staaten gehören zu Asien und drei Ozeane begrenzen es: der *Pazifik*, der *Arktische* und der *Indische Ozean*.

Um diesen riesigen Kontinent besser zu überblicken, ist er folgendermaßen gegliedert: Nordasien, Zentralasien, Vorderasien, Südasien, Ostasien und Südostasien. Das Land mit der größten Bevölkerungsdichte ist *China* und das höchste Gebirge ist der *Himalaja*, wo sich der *Mount Everest* befindet – der höchste Berg der Welt.

In Asien entwickelten sich die unterschiedlichsten Kulturen sowie die fünf Weltreligionen. Vor allem in Indien ist der Hinduismus weit verbreitet. In Asien wurde der Buchdruck entwickelt, Papier, Seide und Porzellan hergestellt und es werden heute viele verschiedene Sprachen und Dialekte gesprochen. Asien verfügt über eine florierende Wirtschaft und einige seiner Länder zählen zu den führenden Industrienationen.

Doch auch heute noch sind große Teile landwirtschaftlich geprägt, v. a. durch Weizen- und Reisanbau. Bräuche und Traditionen spielen nach wie vor eine große Rolle. Es gibt auch eine Vielzahl traditioneller Kleidung. So trägt man in Japan beispielsweise einen *Kimono*, in China einen *Hanfu* und in Indien einen *Sari*, um nur einige zu nennen.

Teezeremonien sind in Asien sehr beliebt und traditionell verankert und die chinesische Teekultur zählt zu der ältesten der Welt. Kaum ein anderer Erdteil vereint Moderne und Tradition so wie Asien. Neben gigantischen Wolkenkratzern und futuristischen Gebäuden befinden sich traditionelle Teehäuser, Tempel und Götterstatuen auf diesem Kontinent.

In Asien ist das Kochen in einem Wok ebenso alltäglich wie das Essen mit Stäbchen.

Geschichte: Dang und die Reisernte

© Natalia Rezanova – Shutterstock.com

Material zum Nachspielen:

- Dang, Haru (als Figuren oder aus Papier)
- Hut (aus Filz oder Dekohut)
- Sonne (aus Papier)
- Reispflanzen (aus Papier, grün und braun)
- Sichel (aus Papier)
- Schnur
- Reiskörner
- Säcke (kleine Jutesäcke o. Ä.)
- chinesische Musik, abspielbereit
- 2 Tassen
- 2 Schüsseln
- Stäbchen (echt, Holzspieße o. Ä.)

Dang lebt in Asien, genauer gesagt in China, und er baut Reis an. Er setzt einen **Hut** auf, der wie ein spitzer Turm aussieht. Dieser schützt ihn vor der **Sonne**. Dann läuft er bis zu seinem Reisfeld, wo es nass ist. Denn der Reis wächst im Wasser. Schon von Weitem sieht Dang die vielen grünen Halme in den Himmel wachsen. Sie sehen ein bisschen wie Grashalme aus, nur dass oben kleine Körner wachsen. Dang freut sich über die vielen **Reispflanzen**, die er heute ernten will. Mit einer **Sichel** schneidet er die Halme ab. Das ist ein Messer mit einem Griff und vorn ist es gebogen. Immer wenn Dang genug Halme abgeschnitten hat, bindet er diese mit einer **Schnur** zusammen und legt sie zur Seite. Am Nachmittag nimmt er die zusammengebundenen Reispflanzen mit nach Hause, wo er sie für ein paar Tage zum Trocknen hinlegt.

Dann holt er sich bereits getrocknete Halme, die nicht mehr grün, sondern inzwischen braun geworden sind. Diese klopft er aus und unzählige winzige **Reiskörner** fallen heraus. Am Abend hat Dang einen ganzen Berg Reis vor sich liegen, den er in **Säcke** füllt. Dann geht er müde ins Haus, wo seine Frau **Haru** auf ihn wartet. Im Haus erklingt leise **Musik** und es duftet herrlich. Haru bedeutet „Sonnenschein" und genau das ist Dangs Frau auch. Sie ist immer fröhlich und lächelt. „Nihao", begrüßt sie ihn, das heißt „Hallo". „Ich habe Tee gekocht. Mit frischem Zitronengras aus unserem Garten", sagt sie. „Und es gibt leckeren Reis und Frühlingsrollen." Dann stellt sie zwei **Tassen** und zwei mit Reis und Frühlingsrollen gefüllte **Schüsseln** auf den Tisch. Dang greift sich zwei **Stäbchen**, mit denen er den Reis isst. Richtig, er isst mit Stäbchen und nicht mit einer Gabel oder einem Löffel. „Du hast wunderbar gekocht", lobt Dang seine Frau.

„Xièxie!" Das bedeutet „Danke".

„Danke, dass du den ganzen Tag so hart gearbeitet hast", erwidert Haru. Dann ruhen sich die beiden noch ein wenig aus. Denn bereits am nächsten Tag sind wieder unzählige Reispflanzen reif, die Dang in mühevoller Arbeit ernten muss.

Bastelangebot: Haru

Material:

- Tonkarton: weiß, schwarz, hellblau, rosa, eierschalenfarben oder beige
- hellblaue Strohseide (alternativ: blaues Glanzpapier, Filz o. Ä.)
- schwarze Märchenwolle
- 2 Holzspieße
- weißer Filz
- Schere
- Klebstoff
- Locher

Durchführung:

Für den Kopf: Bereiten Sie aus dem eierschalenfarbenen Tonkarton ein 8x8 cm großes Quadrat vor (Kopf) sowie einen 2 cm breiten Streifen (Hals). Fertigen Sie einen weißen, 1 cm breiten Streifen an (Augen) und einen rosafarbenen, 2 cm großen Kreis (Mund).
Die Kinder schneiden am Kopf alle vier Ecken ab sowie ein Stück des breiten Streifens für den Hals. Vom weißen Streifen schneiden sie zwei Stücke als Augen ab und kleben schwarze Locherpunkte als Pupillen auf. Den Kreis halbieren sie und verwenden eine Hälfte davon als Mund. Die Einzelteile des Gesichtes setzen die Kleinen mit Klebstoff zusammen, einen rosafarbenen Locherpunkt fixieren sie als Nase. Aus Märchenwolle gestalten sie mit Ihrer Hilfe die Haare und stecken die beiden Holzspieße hinein.

Für den Körper: Für das Kleid fertigen Sie ein 10x22 cm großes Rechteck aus blauem Tonkarton an, den Sie mit der Strohseide bekleben. Schneiden Sie zwei blaue, 5x12 cm lange Rechtecke zu (Arme) und einen schwarzen, 3 cm großen Kreis (Füße). Bereiten Sie ein eierschalenfarbenes, 4x4 cm großes Quadrat vor (Halsausschnitt) sowie zwei 2x3 cm große Rechtecke (Hände).

Die Kinder schneiden auf einer schmalen Seite des Kleides beide Ecken ab. Die Arme schneiden sie auf jeweils einer schmalen Seite schräg zu und den Kreis halbieren sie. Das Quadrat schneiden sie diagonal durch und verwenden eine Hälfte als Halsausschnitt. An den Händen schneiden die Kleinen auf jeweils einer schmalen Seite beide Ecken ab.
Vor dem Zusammenkleben befestigen die Kinder einen etwa 3–4 cm breiten Filzstreifen als Gürtel auf dem Kleid. Überstehende Enden werden nach hinten gefaltet und dort festgeklebt. Die Einzelteile des Körpers setzen sie mit Klebstoff zusammen und fixieren den Hals daran.

Fingerspiel: Vom Reis

Verse sprechen ...	Finger spielen ...
Dort auf dem Feld, gleich hinterm Haus, da wachsen grüne Halme raus.	*Arme formen einen Kreis = Feld, Hände formen ein Dach = Haus* *alle Finger nach oben strecken = Halme*
Sie sind ganz dünn und ziemlich lang und oben wächst noch etwas dran.	*Arme mit ausgestreckten Fingern nach oben halten* *mit dem Zeigefinger auf die Fingerspitzen der anderen Hand deuten*
Die leichten Halme sind nicht schwer, drum wiegt der Wind sie hin und her.	*Arme hin- und herschwingen*
Sie stehn im Wasser, komm und schau, dann siehst du es ja ganz genau.	*Pantomimisch jemanden zu sich herwinken* *Hand beschattet Augen*
Das, was hier wächst, das nennt man Reis, die Körnchen, die sind klein und weiß.	*Ausladende Handbewegung* *mit Daumen und Zeigefinger „klein" andeuten*
Man muss sie kochen, ja, und dann den Reis auch jeder essen kann.	*Ein Arm formt einen „Topf"; andere Hand rührt pantomimisch darin herum* *pantomimisch etwas essen*

Bastelangebot: Teehaus

Anmerkung:

Wenn gewünscht, können Ihre Jüngsten die beiden Bastelhölzer mit Fingerfarbe bemalen, bevor diese aufgeklebt werden.

Material:

- Tonkarton: grün oder nach Wunsch (Größe ca. DIN A3)
- blaues Tonpapier
- 2 große, naturfarbene Bastelhölzer
- Schere
- Klebstoff
- Muggelstein oder anderer Dekostein
- Heißkleber

Durchführung:

Bereiten Sie für das Dach ein blaues, 21 x 21 cm großes Quadrat vor.
Die Kinder schneiden das Quadrat diagonal durch und verwenden eine Hälfte davon. Das Dach kleben sie auf den grünen Papierbogen. Die beiden Bastelhölzer fixieren die Kleinen als Wände und zuletzt wählen sie einen hübschen Stein als Verzierung aus. Diesen befestigen Sie mit Heißkleber an der Spitze des Daches.

Achtung:
Arbeiten mit Heißkleber dürfen nur von Erwachsenen ausgeführt werden.

Rezept: Tee aus Zitronengras

Das aus Asien stammende Zitronengras (auch Lemongras oder Citronella genannt) ist eine Pflanzenart, die zu den Süßgräsern gehört. In der asiatischen Küche ist es fester Bestandteil und wird auch in der Heilkunde verwendet. Küchenfertiges Zitronengras ist im Handel nahezu ganzjährig erhältlich und bietet viele Anwendungsmöglichkeiten. Wir möchten daraus einen leckeren Tee zubereiten, so wie es in vielen asiatischen Ländern üblich ist.

Zeigen Sie den Kindern das Zitronengras. Jedes Kind darf es ausgiebig betrachten und befühlen.
„Was ist das?"
„Wie riecht es?"
„Welche Farbe hat es?"

Regen Sie die Kleinen dazu an, sich intensiv mit dem unbekannten Lebensmittel auseinanderzusetzen. Berichten Sie ihnen anschließend, worum es sich hierbei handelt und was sie daraus zubereiten möchten.

Mit einem Messer können die Kinder Ihnen helfen, etwa 10 cm lange Stücke abzuschneiden. Legen Sie ein Stück auf einen Teller und geben Sie den Kindern eine kleine Schüssel o. Ä., mit deren Boden sie fest auf das Zitronengras drücken sollen. Dies ist erforderlich, damit die ätherischen Öle austreten können. Lassen Sie die Kleinen nun daran riechen und sie werden den zitronenähnlichen Duft sofort bemerken.
Die gepressten Stücke geben die Kinder in Gläser, bevor Sie diese mit kochendem Wasser übergießen und für mindestens zehn Minuten ziehen lassen.

Achtung:
Die Kinder sollten unbedingt ausreichend Sicherheitsabstand einhalten, da Verbrennungsgefahr besteht.

Zeigen Sie den Kindern anschließend den Tee. Inzwischen hat sich das Wasser leicht gelblich gefärbt und es duftet herrlich nach Zitrone.

Entfernen Sie das Zitronengras, lassen Sie den Tee noch etwas abkühlen und dann dürfen alle davon probieren. Und das Beste: Zitronengrastee schmeckt nicht nur lecker und löscht den Durst, er ist obendrein auch noch gesund.

Bastelangebot: Reis

Mit Reis lassen sich tolle Dinge gestalten. Man kann ihn färben, mit ihm spielen und wunderbar sinnliche Erfahrungen sammeln. Einige Vorschläge möchte ich Ihnen vorstellen.
Berichten Sie den Kindern, dass sich der kunterbunte Reis nur zum Spielen und Basteln eignet und nicht zum Essen. Wenn die Kinder mit dem Reis spielen, sollte dies immer unter der direkten Aufsicht einer erwachsenen Person stattfinden.
Damit der Reis einen besonders hohen Aufforderungscharakter bekommt, bietet es sich an, diesen in kunterbunte Farben einzufärben.
Und so geht's:

Reis färben

Material:

- Reis (in ausreichender Menge)
- buntes Seidenpapier
- Gläser (oder kleine Glasschalen)
- Krug mit Wasser
- kleine Schaufel
- Löffel

Durchführung:

Beim Färben können Ihnen die Kinder helfen. Hierzu wird etwas Seidenpapier in der Wunschfarbe in ein Glas gegeben und etwa zur Hälfte mit Wasser aufgegossen. Mit einem Löffel rühren die Kleinen das Papier um und sofort blutet es aus und färbt das Wasser intensiv. Nehmen Sie das Papier heraus und legen Sie es zur Seite. Nun füllen die Kinder mit der Schaufel Reis in das Glas, bis etwa zwei Drittel des Wassers damit gefüllt sind.
Beim Einfüllen von Wasser und Reis wird die Auge-Hand-Koordination auf spielerische Art und Weise gefördert und es macht viel Freude, die bunten Farben herzustellen.
Lassen Sie den Reis für ein bis zwei Stunden in den Gläsern aufquellen. Hat der Reis das komplette Wasser aufgesogen, muss er trocknen. Verteilen Sie ihn großflächig auf einer Wachstischdecke oder Plastikunterlagen und lassen Sie ihn für etwa ein bis drei Tage (je nach Raumtemperatur) trocknen.
Anschließend leuchtet der Reis intensiv in den verschiedensten Farben und sieht wunderschön aus. Nun ist er bereit für die Weiterverarbeitung.

Reismuster

Material:

- gefärbter Reis
- stabile Pappe
- Teller oder andere flache Behälter
- doppelseitiges Klebeband
- dunkelblauer Tonkarton
- Schere
- Klebstoff

Vorbereitung:

Geben Sie jede Reisfarbe in einen Teller und schneiden Sie aus der Pappe quadratische Stücke von etwa 10 x 10 cm zu. Bekleben Sie diese mit dem doppelseitigen Klebeband ganz nach den

Vorstellungen der Kinder. Jedes Bild kann anders aussehen: Ecken, Streifen, Wellen, Kreise …, wie immer es den Kleinen beliebt.

Durchführung:

Ziehen Sie das erste Stück Klebeband ab und die Kinder drücken die Pappe mit dem Klebeband nach unten in eine Reisfarbe nach Wahl. Sofort bleiben die kleinen Körner daran haften, was sehr schön aussieht. Entfernen Sie das zweite Klebebandstück und die Kinder wählen eine neue Reisfarbe aus. Verfahren Sie in gleicher Weise weiter, bis alle Klebebänder entfernt sind und überall Reis haftet.

Fertigstellung:

Fertigen Sie aus dem blauen Tonkarton ein Quadrat an (Größe nach Wunsch) und befestigen Sie das Reisbild darauf. Auf dem dunklen Rahmen kommen die leuchtenden Farben noch besser zur Geltung.

Farbenfrohe Reisflaschen

Material:

- gefärbter Reis
- kleine Plastikflaschen mit Schraubverschluss
- Trichter
- kleine Schaufel oder Löffel
- Materialschale oder Suppenteller
- kleine Schüsseln

Gut zu wissen:

Werfen Sie den Reis, der beim Befüllen der Flaschen in die Materialschale fällt, nicht weg. Sie können ihn für die „Reisspielekiste“ verwenden (Anleitung s. S. 68).

Vorbereitung:

Geben Sie jede Reisfarbe in eine Schüssel und stellen Sie die Flasche in die Materialschale.

Durchführung:

Die Kinder stecken den Trichter in die Flasche und füllen mit der Schaufel den Reis in den gewünschten Farben in die Flasche, bis diese randvoll ist. Schrauben Sie den Deckel fest auf die Flasche und fertig ist ein kunterbuntes Muster.

Reisspuren

Material:

- gefärbter Reis
- kleine Schüsseln
- weißer Tonkarton (etwa DIN A4)
- Tapetenkleister
- Pinsel

Vorbereitung:

Geben Sie jede Reisfarbe in eine Schüssel und rühren Sie den Tapetenkleister, wie auf der Packung angegeben, an.

Durchführung:

Die Kinder bestreichen den Papierbogen mit Kleister. Anschließend streuen sie mit der Hand Reis in der gewünschten Farbe auf das Papier. Der Reis haftet am Kleister und es entstehen farbenfrohe Spuren. Je nach verwendeter Kleistermenge müssen die Kunstwerke zwischen einem und drei Tagen trocknen. Wer möchte, kann aus Tonkarton noch einen Rahmen anfertigen.

Reisspielekiste

Material:

- gefärbter Reis
- Plastikwanne oder anderer flacher Behälter
- Utensilien zum Spielen: Plastikflaschen, kleine Schaufeln, Löffel, Trichter, Joghurtbecher und andere Becher
- Besen zum Saubermachen

Vorbereitung:

Geben Sie den gefärbten Reis in die Plastikwanne und stellen Sie den Kindern unterschiedliche Utensilien zum Spielen zur Verfügung.

So spielen die Kinder damit:

Die Kleinen können nun nach Herzenslust mit dem bunten Reis spielen. Er kann in Flaschen und andere Behälter gefüllt werden – mit und ohne Trichter – er kann vom einen in den anderen Becher geschüttet oder einfach mit den Fingern und Händen gespürt werden. Sie werden staunen, wie viel Freude Ihre Jüngsten bei dieser Beschäftigung haben.
Zum Schluss mit dem Besen die Reiskörner einfach zusammenkehren.

Rezept: Frühlingsrollen

Zutaten:

- Frühlingsrollenteig (gibt es bereits fertig als quadratische Teigplatten im Asiamarkt zu kaufen)
- rote Paprika
- Karotte
- und Gemüse nach Wunsch

Zusätzlich:

- Sparschäler
- Küchenmesser
- Schneidebrett
- Backblech
- Backpapier

Zubereitung:

Jedes Kind darf seine eigene Frühlingsrolle zubereiten. Beim Waschen der Gemüsesorten können die Kleinen Ihnen behilflich sein. Beim Schälen der Karotten mit dem Sparschäler finden Sie sicher ebenfalls fleißige Helfer*innen, die Sie gern unterstützen.
Paprika und Karotten werden anschließend in kleine Stücke geschnitten.

Die Gemüsestücke legen Ihre Jüngsten dann auf eine der dünnen Teigplatten und rollen diese mit Ihrer Unterstützung zu einer Rolle zusammen. Wenn alle Kinder ihre Frühlingsrolle zubereitet haben, werden diese im vorgeheizten Backofen für ca. 15 Minuten gebacken. Wahlweise können die Frühlingsrollen mit vielen verschiedenen Zutaten gefüllt werden (Mais, Pilze, Erbsen …). Wichtig ist hierbei, dass diese nicht zu voll werden, damit sie sich noch gut rollen lassen. Und dann heißt es: „Guten Appetit!“

Australien mit seiner Hauptstadt *Canberra* ist relativ dünn besiedelt und befindet sich auf der Südhalbkugel der Erde.
Das Land **Australien** ist hochmodern, wohlhabend und verfügt über große Rohstoffvorkommen (z. B. Gold, Opale, Diamanten und Kohle). Die Landwirtschaft bestimmt einen großen Teil der australischen Wirtschaft. In diesem Bereich arbeiten auch viele Australier*innen. Die meistgesprochene Sprache ist Englisch und bezahlt wird mit australischen Dollar.
Umgeben ist Australien, wozu auch *Tasmanien* zählt, vom Indischen Ozean und dem Pazifik. Es gibt große Trockengebiete, Steppen, Savannen und Wüsten, aber auch Regenwälder und Gebirge, wie den als Wahrzeichen bekannten *Uluru* (auch *Ayers Rock* genannt) mit seiner roten Färbung, der den Ureinwohner*innen als heilig gilt. An der Küste befindet sich das weltbekannte *Great Barrier Reef*. Die Trockengebiete werden als *Outback* bezeichnet. Zu den bekannten Städten zählen *Sydney, Melbourne, Perth* und *Brisbane*.
Die australischen Ureinwohner*innen, *Aborigines* genannt, leben seit mehr als 50.000 Jahren auf dem Kontinent und ihre Höhlen- und Felsenmalereien sind legendär. Die Mehrheit der heutigen Australier*innen, auch als *Aussies* bezeichnet, sind Christ*innen. Australien verfügt über ein engmaschiges Flugnetz und gut ausgebaute Straßen- und Verkehrswege, bedingt durch die großen Entfernungen.
Das moderne Australien hat neben der bekannten Oper von *Sydney* noch weitere Opernhäuser, Museen und Theater.
Unzählige Tierarten sind auf diesem Kontinent heimisch, bekannt sind vor allem Kängurus, Koalas und das seltene Schnabeltier. Der Tasmanische Teufel lebt heute ausschließlich noch auf Tasmanien. Es sind auch viele giftige Tiere (Spinnen, Schlangen, Skorpione u. Ä.) in Australien beheimatet, weshalb bei Streifzügen in der Natur Vorsicht geboten ist.

Geschichte: Kiah und die Höhle

Material zum Nachspielen:

- Kiah (als Figur oder aus Papier)
- Weg (braunes Tuch)
- Berg (rotes Tuch über Schüssel o. Ä. drapieren)
- Sonne (aus Papier)
- Känguru (als Figur oder aus Papier)
- Höhle (Schüssel o. Ä. mit grauem Tuch auslegen)
- Mond, Sterne (aus Papier)
- Feuer (rotes und orangenes Seidenpapier)
- Zeichnungen
- Holzschalen (oder andere Behälter)
- Stock
- Fisch, Schlange (mit Kreide o. Ä. auf Papierbogen malen)

Kiah ist in Australien zu Hause. Sein Name bedeutet „Schöner Ort“. Kiah ist schon sehr alt. Er hat einen langen, weißen Bart und weiße Haare. Heute hat er etwas Besonderes vor: Er macht sich auf den Weg zur großen Höhle. Dort möchte er seine Zeichnung beenden, die er vor vielen Jahren begonnen hat. Sein **Weg** führt ihn vorbei an einem großen **Berg**, der in der **Sonne** rot leuchtet. Dann sieht er ein **Känguru**, das an ihm vorbeihüpft. Mit großen Sprüngen ist es im Nu wieder verschwunden. Kiah mag diese Tiere. Sie sind freundlich und liebenswert. Als Kiah die **Höhle** erreicht, ist es bereits Abend geworden. Der **Mond** scheint und viele **Sterne** funkeln. Kiah betritt die Höhle und zündet ein **Feuer** an. Sofort ist es hell in der Höhle und Kiah betrachtet stolz seine vielen **Zeichnungen** an den Wänden. Er hat Tiere und Pflanzen gemalt, Punkte, Striche und Wellen. Dann holt er verschiedene Dinge aus einer Ecke der Höhle. Mit einem **Stock** rührt er in **Holzschalen** herum und stellt seine Malfarben her. Aus Sand, Rinde und verschiedenen Wurzeln und Blättern stellt er rote, braune, weiße und orange Farben her. Dann taucht er seine Finger in die Farben und bemalt zunächst sich selbst. Seine Arme, Beine, seinen Bauch und sein Gesicht verziert er mit Strichen, Punkten, Wellen und Kreisen. Als er fertig ist, beginnt er, an die Wand der Höhle zu malen. Zuerst zeichnet er eine **Schlange** mit bunten Mustern und Verzierungen. Dann malt Kiah einen großen **Fisch**. Auch ihn verziert er, bevor er im hellen Feuerschein seine ganzen Zeichnungen betrachtet. Die Höhle sieht wunderschön aus. Überall kann man Tiere erkennen: Kängurus, Koalas, Fische, Schlangen und Vögel. Bäume in allen Größen und Formen, die Sonne und den Mond. „Das ist mein Leben“, sagt Kiah leise zu sich selbst. „All das habe ich in meinem langen, glücklichen Leben gesehen und es war wundervoll.“ Dann legt er sich nahe der Feuerstelle hin und schläft kurze Zeit später ein. Und er träumt von all den Dingen, die er jemals gesehen und erlebt hat und die nun für alle Zeit an den Wänden dieser Höhle zu sehen sind. Hier in der unendlichen Weite Australiens.

Lied: In Australien

Melodie: trad., „Es tanzt ein Bi-Ba-Butzemann“
Text: Eva Danner

G D G Em

1. Es gibt dort in Aus - tra - li - en, komm
ein gro - ßes, lan - ges In - stru - ment, das

3 Am D7 1. G D 2. G

hör dir das mal an, hör's dir an, an. Das
spielt dort meist ein Mann.

6 D G D

In - stru-ment, ja, hör mal zu, das nennt man dort Did -

9 G D G Em

ge - ri - doo. So heißt das tol - le In - stru - ment, das

12 Am D7 G

kennst jetzt so - gar du.

2. Es gibt dort in Australien, komm schau dir das mal an, schau’s dir an,
ein großes, braunes, tolles Tier, das prima hüpfen kann.
Das Tier, man nennt es Känguru,
das hüpft vergnügt dort immerzu.
Es ist ein wirklich tolles Tier, das kennst jetzt sogar du.

3. Es gibt dort in Australien, komm sieh dir das mal an, sieh’s dir an,
ein wirklich tolles Spielzeug, das man selber fangen kann.
Man nennt es Bumerang, na klar,
ist nach dem Werfen wieder da.
Der Bumerang, welch großes Glück, er kommt zu dir zurück.

Fingerspiel: Ich bin ein kleines Känguru

Verse sprechen ...	Finger spielen ...
Ich bin ein kleines Känguru und hüpf vor Freude immerzu.	*Zeige- und Mittelfinger nach oben strecken* *Hand bewegt sich hüpfend auf und ab*
Ich spring mal hierhin und mal dort und schwupps, schon bin ich wieder fort.	*Hand bewegt sich hüpfend auf und ab* *Hand verschwindet hinter dem Rücken*
Hab einen Beutel an dem Bauch, zwei große Ohren hab ich auch.	*pantomimisch einen Beutel am Bauch andeuten* *Hände als Ohren an den Kopf halten*
Und einen Schwanz, der ist sehr lang, den hab ich auch noch an mir dran.	*pantomimisch einen Schwanz andeuten*
Bin in Australien Zuhaus, dort kenn ich mich ganz prima aus.	*Hände formen ein Dach* *ausladende Handbewegung*
Ich knabber Blätter und auch Gras, ein Känguru zu sein, das macht mir Spaß.	*pantomimisch etwas knabbern* *Daumen nach oben strecken*

Bastelangebot: Kiah, der australische Ureinwohner

Material:

- Tonkarton: hellbraun, dunkelbraun, weiß und nach Wunsch
- weiße Märchenwolle
- Schere
- Klebstoff
- Locher
- weißer Buntstift
- Klebeband

Durchführung:

Für den Kopf: Bereiten Sie ein dunkelbraunes, 8 x 8 cm großes Quadrat vor (Kopf) und einen 2 cm breiten Streifen (Hals). Fertigen Sie einen weißen, 1 cm breiten Streifen an (Augen) sowie einen 0,5 cm breiten Streifen in der gewünschten Farbe (Stirnband).
Die Kinder schneiden am Kopf alle vier Ecken ab. Vom braunen Streifen schneiden sie ein Stück ab und verwenden es als Hals. Vom weißen Streifen schneiden sie zwei Stücke als Augen ab und kleben hellbraune Locherpunkte als Pupillen auf. Für das Stirnband schneiden sie ein Stück des dünnen Streifens ab. Die Einzelteile des Gesichtes setzen die Kleinen mit Klebstoff zusammen. Etwas Märchenwolle kleben die Kinder als Haare und Bart auf und befestigen das Stirnband auf den Haaren. Überstehende Enden werden umgeknickt und auf der Rückseite mit Klebeband fixiert. Einen hellbraunen Locherpunkt befestigen Ihre Jüngsten als Nase.

Für den Körper: Schneiden Sie ein dunkelbraunes, 10 x 13 cm großes Rechteck zu (Oberkörper), einen 34 x 2,5 cm langen Streifen (Beine), einen 8 x 2 cm langen Streifen (Füße), einen 26 x 2 cm langen Streifen (Arme) und einen 3 cm großen Kreis (Hände). Für den Lendenschurz fertigen Sie einen hellbraunen, 4 cm breiten Streifen an sowie einen 1,5 cm breiten Streifen.
Die Kinder schneiden auf einer schmalen Seite des Oberkörpers beide Ecken ab. Beine, Füße und Arme halbieren sie und den Kreis schneiden sie mittig durch. Die entstandenen Einzelteile setzen sie zu Armen und Beinen zusammen. Für den . Lendenschurz schneiden sie vom breiten Streifen ein kurzes Stück ab und vom dünnen Streifen ein langes Stück. Die Einzelteile des Körpers setzen die Kleinen mit Klebstoff zusammen und befestigen ihn am Hals.

Für die Körperbemalung: Mit dem weißen Holzstift bemalen die Kinder Arme, Beine, Bauch und Gesicht.

Sprechvers: Wir malen in der Höhle

Anmerkung:

Geben Sie den Kindern jeweils ein Blatt und Stifte oder Kreide (s. a. S. 76), sodass sie, passend zu den Versen, malen können. So verleihen Sie dieser Aktivität einen meditativen Charakter.

1. Wir malen,
wir malen,
wir malen jetzt ein Bild.
Von Tieren,
von Tieren,
mal brav und auch mal wild.

2. Wir malen,
wir malen
nun an den kalten Stein.
Wir Kinder,
wir Kinder,
egal ob groß, ob klein.

3. Wir malen,
wir malen
jetzt nur mit unsrer Hand.
In Höhlen,
in Höhlen,
Australien heißt das Land.

4. Wir malen,
wir malen
und haben dabei Spaß.
Wir malen,
wir malen,
schau an! Was ist denn das?

5. Ein Löwe?
Ein Zebra?
Oder ein Känguru?
Ein Walfisch?
Ne Schlange?
Ich glaub, das weißt nur du!

Bastelangebot: Höhlenmalerei

Dieses Kreativangebot ist für einen Zeitraum von zwei Tagen angedacht. Am ersten Tag können Sie gemeinsam mit den Kindern die für die Höhlenmalerei erforderliche Kreide herstellen, am zweiten Tag dürfen die Kinder dann damit malen.

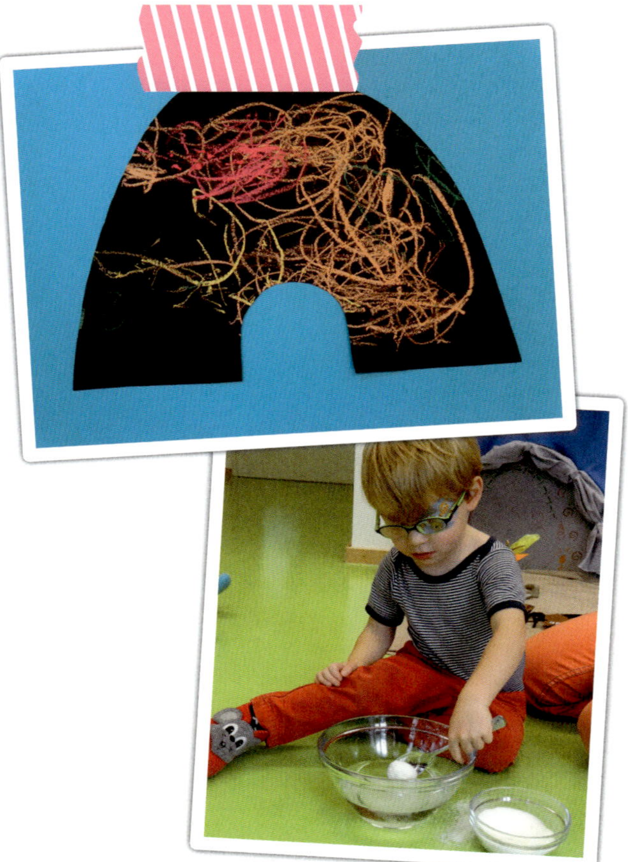

Herstellung der Farben:

Zunächst gießen die Kinder mit Ihrer Hilfe Wasser in die Glasschüssel. Anschließend darf jedes Kind einen Löffel Zucker hinzugeben (Faustregel: 4 TL pro Tasse Wasser) und dann wird alles gut umgerührt, bis sich der Zucker im Wasser gelöst hat. Die Kleinen legen die Kreidestücke in die Flüssigkeit, wo sie bis zum nächsten Tag bleiben. Nehmen Sie die Kreide heraus und tupfen Sie diese mit Küchenpapier trocken.
Das Besondere an den so entstandenen Farben ist ihre Brillanz und Leuchtkraft, vor allem auf dunklen Untergründen.

Material:

- Glasschüssel
- Krug mit warmem Wasser
- Zucker
- Löffel
- bunte Tafelkreide
- Küchenpapier
- schwarzer Fotokarton (DIN A3)
- Schere

So entsteht die Höhlenmalerei:

Die Kleinen dürfen nach Herzenslust die bunten Farben auf ihren schwarzen Papierbögen ausprobieren. Jedes Kind malt, tupft, kritzelt, wie auch immer es möchte, denn so entstehen die individuellen Höhlenmalereien, wie sie schon die australischen Ureinwohner*innen gestaltet haben. Die fertigen Kunstwerke schneiden Sie „höhlenartig" zu und schon sind wunderschöne, leuchtende Malereien entstanden.

Geschichte: Kiah und der Regen

Material zum Nachspielen:

- Kiah, Menschen (als Figuren oder aus Papier)
- Weg (braunes Tuch)
- Höhle (Schüssel o. Ä. mit grauem Tuch auslegen)
- Sonne (aus Papier)
- Bäume (aus Papier, Holz o. Ä.)
- Kängurus (aus Papier oder als Figuren)
- Mond (aus Papier)
- Feuer (konstruieren oder Kerze anzünden)
- Didgeridoo (echt oder dünne Pappröhre verwenden)
- Regenstab
- Regentropfen (blaue Locherpunkte)

Heute ist ein besonderer Tag und **Kiah** ist auf dem Weg zur großen **Höhle**. Am Abend findet dort ein großes Fest statt, an dem viele Freunde und Freundinnen von Kiah teilnehmen werden. Doch der Weg dorthin ist lang und beschwerlich. Es ist heiß und die **Sonne** scheint ununterbrochen vom wolkenlosen Himmel herab. Im Schatten der wenigen **Bäume** liegen **Kängurus** und dösen vor sich hin. Erst am Abend, als bereits der **Mond** aufgegangen ist, erreicht Kiah die Höhle. Viele **Menschen** haben sich schon dort versammelt und in ihrer Mitte brennt ein **Feuer**. Alle haben sich mit bunten Farben bemalt, auch Kiah. Weil bereits seit vielen Wochen kein einziger Regentropfen vom Himmel gefallen ist, wollen Kiah und seine Freunde und Freundinnen heute das große Regenfest feiern. Menschen und Tiere leiden unter der langen Dürre. Die Seen sind ausgetrocknet und die Pflanzen wachsen nicht mehr. Die Menschen wünschen sich endlich Regen. Alle stellen sich in einem großen Kreis vor dem Höhleneingang auf und spielen auf langen Röhren. Diese sind bunt bemalt, wunderschön verziert und beim Hineinpusten erklingt ein tiefer, wundersamer Ton. Jeder spielt seine eigenen Klänge und so ertönt zauberhafte Musik. Auch Kiah spielt auf seiner Röhre, die man **Didgeridoo** nennt. Nach einer Weile verstummen die Klänge und Kiah trägt einen langen, sonderbaren Stab herbei. Als er diesen umdreht, erklingt ein Geräusch, als würden Regentropfen auf die Erde prasseln. Es ist ein **Regenstab**, den er in den Händen hält. Er dreht diesen viele Male von der einen zur anderen Seite und plötzlich ist da noch ein anderes Geräusch zu hören: Unzählige **Regentropfen** fallen plötzlich vom Himmel herunter. „Es regnet!“, ruft Kiah und legt seinen Stab in die Höhle. „Endlich!“, jubeln die anderen und fangen vor Freude zu singen und zu tanzen an. Die ganze Nacht feiern sie das Regenfest und sind glücklich, dass nun endlich Menschen und Tiere wieder genug zu trinken haben und die Pflanzen wieder wachsen können.

Bastelangebot: Rote Sandbilder

Dieses Angebot ist angelehnt an die Rotfärbung des bekannten Uluru/Ayers Rock, einer rot-orangenen Felsformationen im australischen Outback, und wird den Kindern viel Freude bereiten.
Die Gestaltung zieht sich über mehrere Tage, denn zunächst muss der farbige Sand hergestellt werden und eine längere Zeit (je nach Raumtemperatur) trocknen, bevor man ihn weiterverarbeiten kann.

Material zur Sandherstellung:

- 2 große Schüsseln
- kleine Schaufel
- Löffel
- feinkörniger Sand (z. B. Quarz- oder Spielsand)
- Fingerfarbe: rot, orange
- Wachsdecke o. Ä. zum Trocknen
- feines Haarsieb

So geht's:

Die Kinder geben mithilfe der Schaufel den Sand in beide Schüsseln. Wie viel Sie davon herstellen möchten, bleibt Ihnen überlassen. Anschließend tropfen Sie direkt aus der Flasche die Fingerfarbe hinzu. Beim Rühren dürfen die Kleinen Ihnen helfen. Geben Sie so viel Farbe zum Sand, bis dieser sich komplett gefärbt hat. Auf diese Weise entsteht der benötigte rote und orangefarbene Sand. Verteilen Sie diesen auf der Wachsdecke und lassen Sie ihn mehrere Tage lang trocknen. Anschließend wird er durch ein Sieb gestrichen, wobei Sie Ihre Jüngsten sicher gern wieder unterstützen werden.

Material zum Gestalten:

- flache Kiste oder Wanne mit Deckel
- Tapetenkleister
- Pinsel
- gefärbter Sand
- stabile Pappe (ca. DIN A5)

Vorbereitung:

Rühren Sie im Vorfeld den Tapetenkleister, wie auf der Packung angegeben, an und legen Sie die Pappe in die Kiste hinein.

So geht's:

Die Kinder bestreichen die Pappe mit dem Kleister und streuen anschließend mit der Hand den gefärbten Sand auf. Dieser fühlt sich zart und ganz fein an und es wird den Kleinen viel Spaß machen, damit zu werken. Ist die Pappe mit Sand bedeckt, verschließen Sie die Kiste mit dem Deckel und schütteln sie. Nach dem Öffnen bleibt der farbige Sand am Kleister hängen und es sind wunderschöne rot-orange Muster und Verzierungen entstanden, welche Sie ein bis drei Tage trocknen lassen sollten, bis Kleister und Sand ausgehärtet sind.

Sachbetrachtung: Regenmacher

In der Geschichte „Kiah und der Regen" haben die Kinder bereits vom Gebrauch eines Regenmachers gehört, der dem Glauben nach dafür sorgen soll, dass nach lang anhaltenden Dürreperioden wieder Regen vom Himmel fällt. So bietet es sich an, Ihren Jüngsten einen traditionellen Regenstab einmal zu zeigen und vorzuführen. Wer keinen Regenmacher zur Hand hat, kann diesen leicht selbst herstellen: In eine stabile Pappröhre (z. B. Posterversand o. Ä.) werden viele Nägel geklopft. Anschließend wird eine Seite der Röhre verschlossen, Reis o. Ä. eingefüllt und auch die zweite Seite verschlossen. Hierzu eignen sich mehrere Schichten Pappmaschee gut. Wer möchte, bemalt den Regenmacher mit bunten Fingerfarben.

Zeigen Sie den Kleinen den mysteriösen Gegenstand und stellen Sie Fragen wie:
„Was könnte das sein?"
„Wer hat so etwas schon einmal gesehen?"
„Welche Farbe hat der Gegenstand?"
„Ist er klein oder groß?"
Auf diese Weise setzen sich die Kinder zunächst mit der äußeren Erscheinung dieses Instrumentes auseinander.
Als Nächstes dürfen alle den Regenmacher anfassen und festhalten. Dabei werden sie schnell feststellen, wie groß er ist. Auch dass dieser hart ist, merken die Kleinen, wenn sie einmal vorsichtig dagegendrücken oder daran klopfen.
Und dann kommt das Tollste: Demonstrieren Sie die Funktionsweise des Regenstabs, indem Sie diesen langsam umdrehen. Sofort ist das typische Regengeräusch zu hören. Bitten Sie die Kinder, genau zu lauschen, wie lange sie das Geräusch hören können. Berichten Sie ihnen, worum es sich hierbei handelt. Im Anschluss kann jedes Kind einmal versuchen, den Regenstab selbst zum Erklingen zu bringen. Dies ist bei seiner Größe gar nicht so einfach.

Bastelangebot: Känguru

Material:

- Tonkarton: braun, schwarz, weiß
- brauner Kaffeefilter
- Schere
- Locher
- Klebstoff

Durchführung:

Für den Kopf: Bereiten Sie ein braunes, 10 x 14 cm großes Rechteck vor (Kopf) sowie ein 6 x 4 cm großes Rechteck (Ohren). Fertigen Sie einen weißen, 1,5 cm breiten Streifen an (Augen) und einen schwarzen, 2 cm breiten Streifen (Nase).
Die Kinder schneiden auf einer schmalen Seite des Kopfes die Ecken geringfügig, auf der anderen Seite großzügiger ab. Das kleine, braune Rechteck schneiden sie diagonal durch und verwenden die beiden entstandenen Dreiecke als Ohren. Vom weißen Streifen schneiden die Kleinen zwei Stücke als Augen ab und kleben schwarze Locherpunkte als Pupillen auf. Vom schwarzen Streifen schneiden sie ein Stück ab und verwenden es als Nase. Die Einzelteile des Gesichtes setzen sie mit Klebstoff zusammen.

Für den Körper: Schneiden Sie ein braunes, 21 x 30 cm großes Rechteck zu (Bauch), zwei 21 x 8 cm große Rechtecke (Beine), einen 24 x 3 cm langen Streifen (Arme) und einen 4,5 cm großen Kreis (Hände). Legen Sie die Kaffeefiltertüte bereit. Die Kinder schneiden auf einer schmalen Seite des Bauches die Ecken großzügig ab. Die Beine schneiden sie auf einer schmalen Seite schräg zu. Den Streifen und den Kreis halbieren sie und verwenden die entstandenen Stücke als Arme und Hände. Die Einzelteile des Körpers setzen die Kinder mit Klebstoff zusammen. Die Filtertüte knicken Sie an den geriffelten Stellen nach hinten um, kleben sie dort fest und die Kleinen fixieren sie als Beutel auf dem Kängurubauch. Zuletzt befestigen sie den Kopf am Körper.

Tipp:
Wenn Sie nur weiße Filtertüten zur Verfügung haben, können die Kinder diese wie folgt färben:
Mit Fasermalern in verschiedenen Brauntönen bemalen oder betupfen die Kleinen den Filter, legen ihn auf eine wasserfeste Unterlage und befeuchten ihn mithilfe einer Pipette mit Wasser. Sobald die Farben mit dem Wasser in Berührung kommen, bluten sie aus und färben den Filter ein. Diesen lassen Sie über Nacht trocknen.